Wok

ZABERT
SANDMANN

Inhalt

Unendliche Vielfalt
Die typischen Zutaten

Mit dem Boom der Asia-Küche hat auch der Wok bei uns immer mehr Liebhaber gefunden. Wie in einer echten asiatischen Garküche kann man in ihm kleine und große Köstlichkeiten brutzeln, schmoren und frittieren. Asiatische Gerichte faszinieren durch ihre Vielfalt und die Fülle betörender Aromen. Reichlich Kräuter und Gewürze, viel frisches Gemüse, wenig Fleisch, magerer Fisch und eine schier unendliche Palette köstlich duftender Pasten und Saucen finden Verwendung. Die feinen Zutaten werden im Wok durch die kurzen Garzeiten aroma- und vitaminschonend zubereitet. Es lohnt sich, einen Ausflug in die Welt der asiatischen Lebensmittel zu machen. Was anfangs vielleicht noch durch exotische Namen Verwirrung stiftet, wandert bereits beim nächsten Einkauf wieder mit in die Tüte. Wenn kein Asienladen in der Nähe ist, kein Problem: Viele Zutaten findet man oft schon in gut sortierten Supermärkten. Ausgefallenes kann man über das Internet bestellen. Für gutes Gelingen sind frische Zutaten das A und O. Wer einmal mit Ingwer oder Zitronengras gekocht hat, wird künftig gern auf getrocknete oder pulverisierte Ware verzichten. Und natürlich kann man im Wok nicht nur Fernöstliches zubereiten. Was sonst in der Pfanne gebraten wird, gelingt im Wok ebenso gut. In diesem Sinne: Let's wok!

1

FRÜHLINGSZWIEBELN (links), auch Bündel- oder Winterzwiebeln genannt, haben ein mildes Aroma. Nicht nur der helle Teil, auch das würzige Lauchgrün wird in der Wok-Küche verwendet. Zum Garnieren wird das Zwiebelgrün in zusammenhängende Streifen geschnitten, die sich in Eiswasser zu Blüten kringeln.

1 **CHILISCHOTEN**, die feurigen Verwandten der Paprika, geben Wok-Gerichten Schärfe. Unreife Schoten sind grün, reife Schoten rot. Meist sind kleine Schoten schärfer als große.

2 **ZITRONENGRAS** ist eine schilfartige Pflanze. Es hat einen zitronenartigen Duft und Geschmack und zugleich milde Schärfe. Man verwendet nur den unteren, zarten Teil.

2

3

4

5

3 **REISESSIG** ist auf Grund seines geringen Säuregehalts von lediglich drei Prozent wesentlich milder als gewöhnlicher Essig.

4 **SHIITAKE-PILZE**, auch Tongu-Pilze genannt, besitzen ein intensives Aroma. Sie werden das ganze Jahr über angeboten.

5 **BASMATI** ist die edelste Langkornreissorte mit feinem Geschmack und typischem Duft. Er ist auch als Duftreis bekannt und eignet sich hervorragend zum Braten.

6 **KORIANDER** wird in der asiatischen Küche vielfältig eingesetzt: Koriandergrün wird verwendet wie Petersilie. Korianderkörner haben ein blumig-süßes Aroma.

7 **TOFU** wird aus gestockter Sojabohnenmilch hergestellt. Er ist schnittfest und eiweißreich. Frisch ist er mild, geräuchert schmeckt er leicht würzig.

6

BAMBUSSPROSSEN sind die jungen Schösslinge des Bambusgrases. Sie werden wie Spargel gestochen, wenn sie etwa 30 cm lang sind. Bei uns sind sie fast nur als Konservenware erhältlich.

7

HOISINSAUCE wird in China zum Würzen von Fleisch- und Geflügelgerichten verwendet. Die dunkle, dickflüssige Sauce besteht aus Sojabohnen, Wasser, Essig, Zucker, Knoblauch, Chili und Sesamsamen.

INGWER würzt je nach Menge pikant-fruchtig bis brennend scharf. Verwendet wird von der Pflanze nur die Wurzel, die frisch gerieben ihr unverwechselbares Aroma abgibt.

LIMETTENBLÄTTER stammen vom Kaffir-Limettenbaum. Sie sind dunkelgrün, ledrig-fest und duften stark nach Limette.

NUDELN kennt man in Asien aus Weizen-, Buchweizen- und Vollkornmehl. Eine Besonderheit sind die Reisnudeln (aus Reismehl) und die transparenten Glasnudeln, die aus Mungobohnenstärke hergestellt werden.

SESAMÖL wird aus gerösteten Sesamsamen gepresst. Es hat einen intensiven Nussgeschmack und eine braune Farbe.

SOJASAUCE gilt als die Universalwürze in der asiatischen Küche. Beliebt sind die dunklen, salzigen Saucen aus China und Japan. Helle, mildere Sorten werden für Fisch- und Gemüsegerichte verwendet, da sie die Speisen nicht verfärben.

WAN-TAN-BLÄTTER stammen aus China. Die hellgelben Blätter aus Weizenmehl und Eiern gibt es bei uns nur tiefgekühlt.

Step by Step
Kochen wie in Asien

Hobbyköche und Kochprofis schwören gleichermaßen auf das Universalgenie der asiatischen Küche: Ob Kochen, Braten, Dämpfen, Schmoren, Pfannenrühren oder Frittieren – es gibt kaum eine Garmethode, für die der Wok nicht geeignet wäre. Traditionelle Woks sind aus Eisen oder Stahl gehämmert und haben einen abgerundeten Boden und schräge Wände. Die moderne Variante besteht aus Aluguss, in dem sich die Wärme gleichmäßig verteilt. Grundsätzlich eignen sich Gasherde besser für die Wok-Küche als Elektroherde. Die Hitze wird sofort abgegeben und lässt sich leichter regulieren. Für Elektroherde empfehlen sich Woks aus Gusseisen, Edelstahl und Stahlemail. Die wichtigsten Utensilien (Bratschaufel, Kochstäbchen, Abtropfgitter und ein Holzgestell für den Dämpfeinsatz) werden in der Regel mitgeliefert. Zum Dämpfen und Schmoren sollte der Wok außerdem einen Deckel besitzen. Wichtigste Voraussetzung für das Garen im Wok: Alle Zutaten müssen sorgfältig vorbereitet und klein geschnitten werden. Das Garen selbst geht schnell und ist unkompliziert.

Dämpfen – so klappt's Schritt für Schritt

1 Den sauberen Wok auf den Herd stellen und ein passendes Gestell aus Holz für den Bambuskorb in den Wok setzen.

2 Ersatzweise kann man auch einen kleinen Teller oder eine kleine Schüssel umgedreht in den Wok stellen.

3 Dann das Bambuskörbchen auf das Holzgestell oder den kleinen Teller bzw. die Schüssel setzen.

4 Den Wok bis zu einem Drittel mit Wasser füllen. Den Deckel darauf legen und das Wasser zum Kochen bringen.

5 Das Gargut in das Bambuskörbchen legen und das Gericht zugedeckt im Wok fertig garen.

6 Wer kein Bambuskörbchen hat, kann das Gargut auch auf einem Teller auf das Holzgestell setzen und garen.

Pfannenrühren – leicht gemacht

1 Den Wok erhitzen, das Öl hineingeben und gleichmäßig im Wok verteilen. Zunächst Knoblauch und Zwiebeln o. Ä. darin anbraten.

2 Die vorbereiten Zutaten in das Öl geben: zuerst die Gemüse- und Fleischsorten mit der längsten Garzeit.

3 Das Gargut ständig wenden. Fertig Gegartes an den Rand schieben. Durch die große Hitze bleiben Geschmack und Farbe erhalten.

4 Die Saucenzutaten in einer kleinen Schale verrühren, esslöffelweise zum Gargut geben und gut untermischen.

Chilischoten vorbereiten

1 Die Chilischoten der Länge nach halbieren. Stielansätze, Kerne und weiße Innenwände entfernen. Die Schoten waschen und trockentupfen.

2 Die Schoten in Ringe schneiden. Vorsicht: Chilischoten sind sehr scharf, deshalb danach die Hände waschen!

Wan-Tans zubereiten

1 Tiefgekühlte Wan-Tan-Blätter nebeneinander legen und auftauen lassen. Am linken und oberen Rand mit verquirltem Eiweiß bestreichen.

2 Jeweils etwas vorbereitete Füllung (aus Gemüse, Fleisch oder Garnelen) mit einem Löffel in die Mitte der Teigblätter geben.

3 Die linke obere Teighälfte diagonal über die untere Hälfte klappen. Oder alle vier Ecken nach oben ziehen und zu Säckchen zusammendrehen.

4 Die Teigdreiecke mit den Fingern am Rand festdrücken. Wan-Tans können gedämpft, frittiert oder als Einlage in Suppen gegart werden.

Vegetarisch

Gedämpfte Wan-Tans
mit Spinatfüllung

Typisch asiatisch: Die kleinen Snacks mit würziger Gemüsefüllung sind schnell gemacht und immer für eine Überraschung gut

Zutaten

200 g Blattspinat (tiefgekühlt)
20 Wan-Tan-Blätter (tiefgekühlt)
4 Champignons
2 Frühlingszwiebeln
50 g Bambussprossen (aus der Dose)
1 TL frisch geriebener Ingwer
1 Knoblauchzehe
1 TL Speisestärke
2 TL Sesamöl · Zucker
Salz · Pfeffer aus der Mühle
einige Salatblätter

Zubereitung

FÜR 4 PERSONEN

1 Den Spinat auftauen lassen, gut ausdrücken und fein hacken. Die Wan-Tan-Blätter mit einem feuchten Tuch bedeckt etwa 30 Minuten zum Auftauen auslegen.

2 Die Champignons und die Frühlingszwiebeln putzen bzw. waschen und fein hacken. Die Bambussprossen auf einem Sieb abtropfen lassen und in feine Würfel schneiden.

3 Champignons, Frühlingszwiebeln und Bambussprossen mit dem geriebenen Ingwer mischen. Den Knoblauch schälen, fein hacken und dazugeben. Speisestärke und 1 TL Sesamöl unterrühren, die Masse mit 1 Prise Zucker, Salz und Pfeffer würzen.

4 In die Mitte jedes Wan-Tan-Blatts 1 TL Füllung setzen. Die Teigblätter über der Füllung zusammennehmen und leicht zusammendrücken – es sollte in der Mitte noch etwas Füllung zu sehen sein.

5 Im Wok 1/4 bis 1/2 l Wasser aufkochen. Dämpfkörbchen oder Siebeinsatz mit den gewaschenen Salatblättern auslegen. Die Wan-Tans darauf setzen und zugedeckt etwa 10 Minuten im Wok dämpfen. Vor dem Servieren mit dem restlichen Sesamöl beträufeln.

Tipp

Wan-Tan-Blätter, kleine Quadrate aus Weizenmehl-Eier-Teig, gibt es tiefgekühlt im Asienladen. Die benötigte Menge vom Stapel abziehen, den Rest kann man wieder einfrieren.

Frittierte Wan-Tans
mit Kokos-Gemüse-Füllung

Wenn Kleinigkeiten groß rauskommen: Knusprige Teigbeutelchen mit würziger Füllung liegen als exotisches Fingerfood voll im Trend

Zutaten

20 Wan-Tan-Blätter (tiefgekühlt)
2 Frühlingszwiebeln
1 Möhre
150 g Maiskörner (aus der Dose)
75 g Kokospaste
5 EL Sojasauce
Pfeffer aus der Mühle
Öl zum Frittieren

Zubereitung

FÜR 4 PERSONEN

1 Die Wan-Tan-Blätter mit einem feuchten Tuch bedeckt etwa 30 Minuten zum Auftauen auslegen.

2 Inzwischen die Frühlingszwiebeln putzen, waschen und in sehr feine Ringe schneiden. Die Möhre schälen und grob raspeln. Den Mais in ein Sieb geben, kurz abspülen und abtropfen lassen.

3 Für die Füllung die Kokospaste fein in eine Schüssel raspeln. Frühlingszwiebeln, Möhren und Mais dazugeben, mit der Sojasauce und Pfeffer abschmecken und alles gut vermischen.

4 Jeweils 1 gehäuften TL Füllung in die Mitte der Wan-Tan-Blätter setzen. Die Teigränder mit Wasser bepinseln, anheben und über der Füllung vorsichtig zu Säckchen zusammendrehen.

5 Das Öl im Wok stark erhitzen. Die Wan-Tans darin portionsweise goldbraun ausbacken. Mit einer Schaumkelle herausheben und auf Küchenpapier abtropfen lassen.

Tipp

Probieren Sie für die Wan-Tans auch eine Füllung aus 300 g gehäuteten, entkernten und gehackten Tomaten, 125 g gehacktem Mozzarella, gewürzt mit Knoblauch, Basilikum, Petersilie, Salz und Pfeffer.

Frühlingsrollen
mit China-Gemüse

Zutaten

25 g Glasnudeln

10 getrocknete Mu-Err-Pilze

14 Frühlingsrollenblätter (tiefgekühlt)

150 g Chinakohl

1 haselnussgroßes Stück Ingwer

1 Möhre (in feine Streifen geschnitten)

1 Bund Frühlingszwiebeln (in feine Ringe geschnitten)

1 Bund Schnittlauch (in Röllchen geschnitten)

1–2 TL Sesamöl · Salz

1 EL Speisestärke

Öl zum Frittieren

Zubereitung

FÜR 4 PERSONEN

1 Glasnudeln und Pilze jeweils in einer Schüssel mit kochendem Wasser übergießen und etwa 15 Minuten einweichen. Frühlingsrollenblätter zum Auftauen auslegen.

2 Chinakohl putzen, waschen und in Streifen schneiden. Ingwer schälen und hacken. Nudeln abtropfen lassen und in 2 cm lange Stücke schneiden. Pilze abtropfen lassen und in Streifen schneiden, harte Stiele entfernen. Chinakohl, Möhre, Frühlingszwiebeln und Schnittlauch mit Nudeln, Pilzen und Ingwer mischen, mit Sesamöl und Salz würzen. Die Frühlingsrollenblätter halbieren. Die Speisestärke mit etwa 1 EL Wasser anrühren.

3 Je etwas Gemüsefüllung auf die untere Hälfte der Teigstücke geben. Die Ränder über der Füllung einklappen, mit Speisestärke bepinseln und die Teigplatten aufrollen. Die Teigenden gut andrücken.

4 Das Öl im Wok stark erhitzen, die Frühlingsrollen darin portionsweise 2 bis 3 Minuten goldbraun ausbacken. Auf Küchenpapier abtropfen lassen und bis zum Servieren im Backofen warm halten.

Dim Sum

mit Zwiebeln und Sprossen

Zutaten

2 Frühlingszwiebeln

$^1/_2$ gelbe Paprikaschote

1 rote Chilischote

1 Knoblauchzehe

50 g Sojabohnensprossen

2 EL Sesamöl

80 ml Sojasauce

200 g Weizenstärke

Mehl zum Ausrollen

25 g eingelegter Ingwer

Zubereitung

FÜR 4 PERSONEN

1 Frühlingszwiebeln und Paprikaschote putzen, waschen und in kleine Würfel schneiden. Chilischote entkernen, waschen und sehr fein hacken. Knoblauch schälen und fein hacken. Die Sojabohnensprossen in einem Sieb heiß abbrausen, abtropfen lassen und grob hacken.

2 Den Wok erhitzen und das Öl hineingeben. Frühlingszwiebeln, Paprikawürfel, Chilischote, Knoblauch und Sojabohnensprossen darin 2 Minuten andünsten. Mit etwas Sojasauce abschmecken und abkühlen lassen.

3 Die Weizenstärke in eine Schüssel geben, mit kochendem Wasser nach und nach zu einem glatten Teig verkneten.

4 Aus dem Teig 12 Kugeln formen und auf der bemehlten Arbeitsfläche jeweils zu einem Kreis von etwa 10 cm Durchmesser ausrollen. Die Füllung in der Mitte der Kreise verteilen. Die Teigkreise auf die Hälfte zusammenfalten, andrücken und die Nahtseite in Falten legen. Im Bambuskorb oder Dämpfeinsatz im Wok etwa 10 Minuten im Dampf garen. Den eingelegten Ingwer und die restliche Sojasauce vermischen und als Dip dazu servieren.

Spinatpäckchen
mit Curry-Kokos-Sauce

Genuss in Hülle und Fülle: Unter dem grünen Spinatmantel wartet eine knackige Gemüsemischung auf ihre Entdeckung

Zutaten

4 Limettenblätter
400 g große Spinatblätter
Salz
1 Zucchino · 2 Möhren
4 Stangen grüner oder weißer Spargel
1 Bund Frühlingszwiebeln
1 Fenchelknolle
Pfeffer aus der Mühle
einige Schnittlauchhalme (ersatzweise Küchengarn)
2 Knoblauchzehen
1 Bund Basilikum
1 EL Zitronensaft
2 TL rote Currypaste
2 EL ungesüßte Kokosmilch

Zubereitung

FÜR 4 PERSONEN

1 Die Limettenblätter waschen und in feine Streifen schneiden. Von den Spinatblättern die Stiele entfernen. Spinatblätter waschen und in kochendem Salzwasser kurz blanchieren, abtropfen lassen und auf der Arbeitsfläche ausbreiten.

2 Das Gemüse putzen und waschen. Zucchino und Möhren in Stifte, Spargel und Frühlingszwiebeln in 5 bis 6 cm lange Stücke, Fenchel quer in Streifen schneiden. Das Gemüse und die Limettenstreifen auf den Spinatblättern verteilen, salzen und pfeffern. Die Spinatblätter aufrollen und mit Schnittlauchhalmen zusammenbinden.

3 Den Knoblauch schälen und fein hacken. Basilikum waschen, die Blättchen von den Stielen zupfen. Die Basilikumstiele mit dem Knoblauch in den Wok geben. 1/4 l Wasser und den Zitronensaft hinzufügen und alles aufkochen. Die Gemüsepäckchen in den Dämpfeinsatz legen und zugedeckt im Wok 15 Minuten bissfest dämpfen.

4 Nach Ende der Garzeit die Spinatpäckchen warm stellen. Die Basilikumstiele aus dem Sud nehmen. Den Garsud mit Currypaste und Kokosmilch aufkochen und mit Salz abschmecken. Die Basilikumblätter hineingeben und zusammenfallen lassen. Die Sauce mit den Spinatpäckchen servieren.

Tipp

Das Gemüse für die Füllung können Sie je nach Vorliebe variieren. Probieren Sie die Röllchen auch einmal mit Rettich, Schnittknoblauch oder dem chinesischen Kohlgemüse Pak-Choi.

Gemüse-Tempura
mit Papaya-Dip

Zutaten

500 g grüner Spargel

200 g Shiitake-Pilze

1 rote Paprikaschote

1 rote Chilischote

40 g Frühlingszwiebeln

6 Stiele Schnittknoblauch

1 Papaya (ca. 400 g)

3–4 EL helle Sojasauce

3–4 EL Limettensaft

Zucker · 150 g Mehl

1 gestr. TL Backpulver

1 Ei

1 EL dunkle Sojasauce

Erdnussöl zum Frittieren

Zubereitung

FÜR 4 PERSONEN

1 In einem Plastikgefäß 200 ml Wasser 20 Minuten ins Tiefkühlfach stellen. Den Spargel im unteren Drittel schälen und waschen, die Stangen in etwa 8 cm lange Stücke schneiden. Die Shiitake-Pilze putzen. Die Paprikaschote putzen, waschen und in Streifen schneiden.

2 Die Chilischote längs halbieren, entkernen, waschen und hacken. Die Frühlingszwiebeln putzen, waschen und in feine Ringe schneiden. Den Schnittknoblauch waschen, trockenschütteln und hacken.

3 Für den Dip die Papaya längs halbieren, entkernen und schälen. Das Fruchtfleisch in kleine Würfel schneiden, mit der hellen Sojasauce und Limettensaft mischen. Chili, Frühlingszwiebeln, Schnittknoblauch und 1 Prise Zucker mischen.

4 Das Mehl und das Backpulver in einer Schüssel mischen. Das Ei, das Eiswasser und die dunkle Sojasauce verquirlen. Die Mehlmischung darunter rühren, der Teig sollte dünnflüssig sein. Das Öl etwa 2 cm hoch im Wok erhitzen. Das Gemüse durch den Teig ziehen und im Fett 5 Minuten goldbraun braten. Auf Küchenpapier abtropfen lassen und mit dem Dip servieren.

Tofuhäppchen

mit Limettenbutter

Zutaten

2 unbehandelte Limetten

3 EL helle Sojasauce

1 gestr. TL gemahlener Pfeffer

1 gestr. TL Zucker

400 g Tofu

100 g Butter · 4 EL Öl

Zubereitung

FÜR 4 PERSONEN

1 Die Limetten waschen und trockenreiben. Von 1 Limette die Schale fein abreiben. Beide Limetten halbieren und den Saft auspressen.

2 Aus Sojasauce, Pfeffer, Zucker und drei Viertel des Limettensaftes eine Marinade zubereiten und so lange rühren, bis sich der Zucker vollständig aufgelöst hat.

3 Den Tofu in 1 cm dicke Scheiben schneiden und von beiden Seiten mit der Marinade einpinseln. Die Tofuscheiben 15 Minuten ziehen lassen.

4 Die Butter schaumig rühren. Die abgeriebene Limettenschale und den restlichen Limettensaft löffelweise unterrühren.

5 Den Wok stark erhitzen und das Öl hineingeben. Die Tofuscheiben darin von beiden Seiten goldbraun braten.

6 Die Limettenbutter auf den gebratenen Tofuscheiben schmelzen lassen. Tofuhäppchen aus dem Wok nehmen und sofort auf einer vorgewärmten Platte anrichten. Nach Belieben mit etwas grob gemahlenem Pfeffer bestreuen.

Asia-Gemüse
mit Tofuscheiben

Im Wok rührt sich was: Wenn aromatisches Gemüse mit frittiertem Tofu serviert wird, geraten Genießer ins Schwärmen

Zutaten

je 100 g Shiitake-Pilze, Austernpilze und Egerlinge
je 1 rote und gelbe Paprikaschote
300 g Chinakohl
100 g Wasserkastanien (aus der Dose)
150 g Tofu
1 Knoblauchzehe
1/2 TL rote Currypaste
1 EL Reisessig
2–3 EL helle Sojasauce · Salz
2 EL Sesamöl
Erdnussöl zum Frittieren
1 TL Speisestärke
75 ml Gemüsebrühe
ca. 5 EL Maismehl

Zubereitung

FÜR 4 PERSONEN

1 Die Pilze putzen. Die Stiele der Shiitake-Pilze hacken und die Hüte halbieren. Die Austernpilze in Streifen schneiden, die Egerlinge halbieren. Die Paprikaschoten und den Chinakohl putzen und waschen. Die Paprika in dünne, den Chinakohl in breitere Streifen schneiden. Die Wasserkastanien auf einem Sieb abtropfen lassen und halbieren. Den Tofu abwaschen, mit Küchenpapier trockentupfen und in 1/2 cm dicke Scheiben schneiden. Den Knoblauch schälen und hacken.

2 Die Currypaste mit 3 EL heißem Wasser glatt rühren. Reisessig, Sojasauce und Salz hinzufügen. Den Tofu mit der Marinade beträufeln und ziehen lassen.

3 Den Wok erhitzen, Sesamöl und 2 EL Erdnussöl hineingeben. Die Pilze darin unter Rühren anbraten. Chinakohl- und Paprikastreifen, Wasserkastanien und Knoblauch hinzufügen. Das Gemüse etwa 2 Minuten unter Rühren braten.

4 Den Tofu in ein Sieb abgießen, dabei die Marinade auffangen. Die Marinade mit der Speisestärke glatt rühren. Die Brühe und die Tofumarinade in den Wok zum Gemüse geben und kurz köcheln lassen. Herausnehmen und warm stellen.

5 Den Wok mit Küchenpapier säubern. Das Erdnussöl im Wok stark erhitzen. Das Maismehl in einen tiefen Teller geben und die Tofuscheiben darin wenden. Den Tofu im heißen Öl goldbraun ausbacken und auf Küchenpapier abtropfen lassen. Die Tofuscheiben auf dem Gemüse anrichten.

Rührei

mit Asia-Pilzen

Ein Klassiker einmal anders: Aus einem einfachen Rührei wird im Handumdrehen ein raffiniert gewürzter exotischer Snack

Zutaten

3 getrocknete Morcheln

3 getrocknete Shiitake-Pilze

1 kleine rote Chilischote

1 haselnussgroßes Stück Ingwer

2 Frühlingszwiebeln

2 Stiele Koriander

4 Eier

2 TL Sojasauce

Pfeffer aus der Mühle

1 TL Erdnussöl

1 TL Öl

Zubereitung

FÜR 4 PERSONEN

1 Die getrockneten Pilze in eine Schüssel geben und mit so viel heißem Wasser übergießen, dass sie gut bedeckt sind. Die Pilze 15 Minuten quellen lassen.

2 Die Chilischote längs halbieren, entkernen, waschen und in feine Streifen schneiden. Den Ingwer schälen und sehr fein hacken. Die Frühlingszwiebeln putzen, waschen und in feine Streifen schneiden. Den Koriander waschen, trockentupfen und die Blätter abzupfen.

3 Die Pilze abtropfen lassen und in Stücke schneiden. Die Eier verquirlen, Sojasauce, Pfeffer und Erdnussöl unterrühren.

4 Den Wok erhitzen und das Öl hineingeben. Die Pilze darin kurz anbraten. Die restlichen Zutaten – bis auf die Eier – dazugeben und mit den Pilzen vermischen. Die Eiermasse hineingießen und so lange garen, bis sie zu stocken beginnt. Die gestockte Masse jeweils an den Rand schieben.

5 Das Rührei auf vorgewärmten Tellern oder in Schälchen anrichten und mit dem Koriandergrün bestreut servieren.

Tipp

Natürlich kann man das Rührei auch mit frischen Pilzen zubereiten. Waschen Sie diese dann nur, wenn sie besonders schmutzig sind. Ansonsten reicht es, sie mit Küchenpapier trocken abzureiben.

Tofuwürfel
auf Gemüse

Zutaten

1 Bund junge Möhren
1 dicke Stange Lauch
2 Kohlrabi
1 kleiner Brokkoli
100 g Zuckerschoten · Salz
2 Fleischtomaten
6 EL Öl
Pfeffer aus der Mühle
ca. 100 ml Gemüsebrühe
400 g Tofu
2 Knoblauchzehen
1/2 Bund glatte Petersilie

Zubereitung

FÜR 4 PERSONEN

1 Das Gemüse putzen und waschen, falls nötig schälen. Möhren und Lauch in Scheiben, Kohlrabi in Stifte schneiden. Den Brokkoli in kleine Röschen teilen. Brokkoliröschen und Zuckerschoten getrennt voneinander in kochendem Salzwasser blanchieren, kalt abschrecken und abtropfen lassen. Die Tomaten überbrühen, häuten, halbieren und entkernen. Das Fruchtfleisch in Würfel schneiden.

2 Den Wok erhitzen und 4 EL Öl hineingeben. Möhren, Lauch, Kohlrabi und Brokkoli darin unter Rühren bissfest garen. Salzen, pfeffern und mit der Brühe begießen.

3 Den Tofu in Würfel schneiden, den Knoblauch schälen und hacken. Das restliche Öl mit dem Knoblauch erhitzen und die Tofuwürfel darin goldbraun braten. Die Petersilie waschen, trockenschütteln und fein hacken. Mit Tomaten und Zuckerschoten unter das Gemüse mischen, mit den Tofuwürfeln bestreuen.

Weißkohlpfanne
mit Ananas und Paprika

Zutaten

500 g Weißkohl
1 rote Paprikaschote
200 g Ananas
1 Stängel Zitronengras
1 grüne Chilischote
200 g Mungobohnensprossen
2 EL helle Sojasauce
4 EL Sherry · 1 TL Chilisauce
Salz · 1/2 TL Szechuan Pfeffer
1 TL Speisestärke
2 EL Kokosraspel
1 EL weiße Sesamsamen
1/2 TL abgeriebene unbehandelte Zitronenschale
4 EL Öl

Zubereitung

FÜR 4 PERSONEN

1 Den Kohl und die Paprikaschote putzen, waschen und in feine Streifen schneiden. Die Ananas schälen, den Strunk entfernen und das Fruchtfleisch in Stücke schneiden. Zitronengras putzen, waschen und hacken. Die Chilischote längs halbieren, entkernen, waschen und in feine Streifen schneiden. Die Mungobohnensprossen in einem Sieb abbrausen und abtropfen lassen.

2 Sojasauce, Sherry, Chilisauce, Salz, Pfeffer und Speisestärke zu einer Sauce verquirlen.

3 Die Kokosraspel und die Sesamsamen im Wok ohne Fett goldgelb rösten. Herausnehmen und mit der Zitronenschale mischen.

4 Den Wok erhitzen und das Öl hineingeben. Die Kohl- und Paprikastreifen darin unter Rühren bissfest braten. Ananas, Zitronengras, Chilischote und Sprossen dazugeben und die Saucenmischung unterrühren. Etwa 2 Minuten garen lassen und mit der Sesamsamen-Kokosraspel-Mischung bestreuen.

Süß-saures Gemüse
mit Ananas und Ingwer

Gegensätze ziehen sich an: Dieser Evergreen der Asia-Küche bestricht durch seine zarten Kontraste in Biss und Aroma

Zutaten

100 g Chinakohl
125 g Möhren
125 g Shiitake-Pilze
125 g Zuckerschoten
50 g Ingwer
2 Knoblauchzehen
2 rote Chilischoten
100 g Bambussprossen (aus der Dose)
150 g Ananas
4 EL Öl
4 EL Reisessig
4 EL Sojasauce
4 EL Sherry · 2 EL Zucker
200 ml Hühnerbrühe
1 gestr. TL Speisestärke

Zubereitung

FÜR 4 PERSONEN

1 Den Chinakohl waschen und trockenschütteln, die Blätter der Länge nach halbieren und in 2 cm breite Streifen schneiden. Die Möhren schälen und in dünne Scheiben schneiden. Die Pilze mit Küchenpapier abreiben und halbieren, große Pilze vierteln. Die Zuckerschoten waschen und halbieren.

2 Ingwer schälen und in sehr feine Scheiben schneiden. Knoblauch schälen und fein hacken. Chilischoten längs halbieren, entkernen, waschen und in sehr feine Streifen schneiden.

3 Die Bambussprossen auf einem Sieb abtropfen lassen. Die Ananas schälen, den Strunk entfernen und das Fruchtfleisch in Stücke schneiden.

4 Den Wok erhitzen und das Öl hineingeben. Möhren und Pilze darin anbraten, Chinakohl und Zuckerschoten dazugeben und kurz mitbraten. Ingwer, Knoblauch und Chili hinzufügen und kurz mitbraten. Bambussprossen, Ananas, Essig, Sojasauce, Sherry und Zucker dazugeben. Mit drei Viertel der Brühe aufgießen und vermischen.

5 Die Speisestärke mit der restlichen kalten Brühe anrühren und unter das Gemüse mischen. Alles noch 2 Minuten köcheln lassen und sofort servieren.

Tipp

Den Reisessig können Sie durch Apfelessig ersetzen. Da dieser mehr Säure enthält, sollten Sie nur 2 EL Essig verwenden. Original asiatisch wird das Gericht, wenn Sie Reiswein statt Sherry verwenden.

Wok-Gemüse
mit Zuckerschoten

Das Auge isst mit: Pilze, Gemüse und Sojabohnensprossen kommen hier als kunterbunter, knackiger Vitaminspaß auf den Tisch

Zutaten

2 EL getrocknete Mu-Err-Pilze
2 EL helle Sojasauce
2 EL Reiswein
50 ml Gemüsebrühe
1/2 Kopf Chinakohl
1 rote Paprikaschote
1 kleiner Zucchino
100 g Champignons
100 g Zuckerschoten
100 g Sojabohnensprossen
200 g Mini-Maiskolben (aus der Dose)
1 Knoblauchzehe
1 haselnussgroßes Stück Ingwer
3 EL Erdnussöl
1 EL Sesamöl
Salz · Pfeffer aus der Mühle

Zubereitung

FÜR 4 PERSONEN

1 Die Mu-Err-Pilze in einer kleinen Schüssel mit heißem Wasser übergießen und etwa 15 Minuten darin einweichen. In einer weiteren Schüssel die Sojasauce, den Reiswein und die Brühe vermischen.

2 Das Gemüse putzen und waschen. Den Chinakohl, die Paprika und den Zucchino in Streifen schneiden. Die Champignons putzen, mit Küchenpapier abreiben und in Scheiben schneiden. Die Zuckerschoten und die Sprossen in einem Sieb heiß abbrausen und abtropfen lassen. Die Maiskolben auf einem Sieb abtropfen lassen und der Länge nach halbieren.

3 Die eingeweichten Pilze in ein Sieb abgießen, kurz abspülen und klein schneiden. Knoblauch und Ingwer schälen, beides fein hacken.

4 Den Wok erhitzen und das Erdnussöl hineingeben. Das Sesamöl hinzufügen und ebenfalls erhitzen. Knoblauch und Ingwer im Öl kurz anbraten. Paprika- und Zucchinistreifen, Maiskolben und eingeweichte Pilze dazugeben und unter ständigem Rühren etwa 3 Minuten anbraten.

5 Dann die frischen Pilze, die Zuckerschoten, den Chinakohl und die Sprossen hinzufügen und alles noch 2 Minuten pfannenrühren. Mit der Sojasauce-Reiswein-Mischung ablöschen, aufkochen und weiterbraten, bis das Gemüse knackig ist. Zum Schluss mit Salz und Pfeffer abschmecken. Dazu passt am besten feiner Basmatireis.

Wok-Gemüse
mit Blumenkohl

Zutaten

je 1 rote und grüne Paprikaschote

500 g Möhren

1 kleiner Blumenkohl

3 dünne Stangen Lauch

6 Mini-Maiskolben (aus der Dose)

1 rote Chilischote

1 walnussgroßes Stück Ingwer

je 2 EL Sojasauce und Reisessig

4 EL passierte Tomaten (aus der Dose)

2 EL brauner Zucker

je 1/4 TL Kreuzkümmel- und Korianderpulver

1/2 EL Speisestärke

1/8 l Gemüsebrühe · 3 EL Öl

Zubereitung

FÜR 4 PERSONEN

1 Die Paprikaschoten putzen, waschen und in Streifen schneiden. Die Möhren schälen und in Streifen schneiden. Den Blumenkohl putzen, waschen und in Röschen teilen, den Stiel in Scheiben schneiden. Lauch putzen, waschen und in Streifen schneiden. Die Maiskolben auf einem Sieb abtropfen lassen.

2 Die Chilischote längs halbieren, entkernen, waschen und fein hacken. Den Ingwer schälen und ebenfalls fein hacken.

3 Sojasauce, Essig, Tomaten und Zucker gründlich verrühren. Chili, Ingwer, Kreuzkümmel und Koriander untermischen. Die Stärke mit der der Brühe glatt rühren und dazugeben.

4 Den Wok erhitzen und das Öl hineingeben. Möhren und Blumenkohl darin unter Rühren etwa 3 Minuten braten. Lauch, Paprika und Maiskolben 2 Minuten mitbraten. Die Sauce dazugießen und alles etwa 5 Minuten leicht köcheln lassen, bis das Gemüse bissfest ist. Dazu passt Basmatireis.

Gemüsepfanne

mit Mini-Maiskolben

Zutaten

120 g Basmatireis · Salz · 1 TL Öl
3 Paprikaschoten (rot, gelb, grün)
6 Mini-Maiskolben (aus der Dose)
120 g grüne Bohnen · 1 Zwiebel
4 kleine Thai-Auberginen
50 g Kichererbsen (aus der Dose)
100 g Sojabohnensprossen
2 Frühlingszwiebeln
2 rote Chilischoten
2 Knoblauchzehen
1 haselnussgroßes Stück Ingwer
1 TL Kurkumapulver
8 EL Erdnussöl · 1/8 l Gemüsebrühe
5 EL helle Sojasauce
Pfeffer aus der Mühle

Zubereitung

FÜR 4 PERSONEN

1 Den Basmatireis in einem Sieb waschen, mit etwa 150 ml Wasser, 1 Prise Salz und 1 TL Öl in einem Topf zum Kochen bringen. Bei schwacher Hitze etwa 15 Minuten quellen lassen.

2 Paprikaschoten putzen, waschen und in Streifen schneiden. Maiskolben abtropfen lassen und längs halbieren. Bohnen putzen, waschen und in Stücke schneiden. Zwiebel schälen und der Länge nach achteln. Auberginen putzen, waschen und vierteln. Kichererbsen und Sprossen abbrausen und abtropfen lassen.

3 Frühlingszwiebeln putzen, waschen und in Ringe schneiden. Für die Gewürzmischung die Chilischoten längs halbieren, entkernen und waschen. Knoblauch und Ingwer schälen und ebenso wie die Chilischoten fein hacken. Mit dem Kurkumapulver vermischen.

4 Den Wok erhitzen, 4 EL Erdnussöl hineingeben. Das Gemüse darin bissfest braten und herausnehmen. Das restliche Öl erhitzen, den Reis dazugeben, 5 Minuten pfannenrühren. Die Gewürzmischung dazugeben und kurz mitbraten. Gemüse und Brühe hinzufügen. Mit Sojasauce, Salz und Pfeffer würzen und gut mischen.

Brokkoli

mit Shiitake-Pilzen

Perfekte Partner: Brokkoli und aromatische Pilze werden im Wok zu einem fernöstlichen Leckerbissen vom Allerfeinsten

Zutaten

12 getrocknete Shiitake-Pilze
3 EL Sojasauce
Salz
1 EL trockener Sherry
1 TL Speisestärke
1 TL Zucker
ca. 1/2 l Gemüsebrühe
250 g Brokkoli
1 EL Sesamöl
2 EL Öl
1 haselnussgroßes Stück Ingwer

Zubereitung

FÜR 4 PERSONEN

1 Die Pilze mit heißem Wasser übergießen und etwa 20 Minuten darin einweichen. Die eingeweichten Pilze in ein Sieb abgießen und kurz abspülen. Die Stiele herausschneiden und die Pilzhüte je nach Größe ganz lassen, halbieren oder vierteln.

2 Sojasauce, 1/2 TL Salz, Sherry, Stärke, Zucker und Brühe in einer kleinen Schüssel verquirlen und dann im Wok aufkochen. Die Pilze darin bei kleiner Hitze 10 Minuten köcheln, bis die Sauce dicklich wird. Falls die Sauce zu stark einkocht, mit etwas Wasser oder Brühe verdünnen.

3 Inzwischen den Brokkoli putzen, waschen und in Röschen teilen. Die Stiele schälen und schräg in 1 cm breite Scheiben schneiden. Ausreichend Salzwasser zum Kochen bringen und die Stiele darin 2 Minuten, die Röschen nur 1 Minute blanchieren. Brokkoli kalt abschrecken und auf einem Sieb gut abtropfen lassen.

4 Die Pilze samt Sauce auf einen Teller geben und warm stellen.

5 Den Wok erhitzen, beide Ölsorten hineingeben. Den Ingwer schälen, hacken und im heißen Öl anbraten. Den Brokkoli hinzufügen und unter Rühren 2 Minuten braten. Die Pilze und die Sauce untermischen und alles sehr heiß servieren.

Gemüsetopf
mit Kokos und Bambus

Die pure Verführung: Dieser Eintopf mit Ingwer, Zitronengras und Limettenblättern vereint die betörendsten Aromen der Asia-Küche

Zutaten

100 g Basmatireis · Salz
3 TL Öl · 150 g Tofu
1 Knoblauchzehe · 1 Zwiebel
1 walnussgroßes Stück Ingwer
1 Stängel Zitronengras
5–6 kleine Thai-Auberginen (ersatzweise 1 große Aubergine)
je 50 g Enoki-Pilze und Champignons · 1 Zucchino
1 rote Chilischote
50 g Bambussprossen (aus der Dose)
3 Limettenblätter
50 ml ungesüßte Kokosmilch
300 ml Gemüsebrühe
Saft von 1 Limette
2 TL Sojasauce

Zubereitung

FÜR 4 PERSONEN

1 Den Basmatireis in einem Sieb mit kaltem Wasser spülen, bis das Wasser klar abläuft. Den Reis in einen Topf geben und bis etwa 2 cm über den Reis mit kaltem Wasser auffüllen. 1 Prise Salz und 1 TL Öl hinzufügen, umrühren und zum Kochen bringen. Den Reis bei schwacher Hitze etwa 15 Minuten quellen lassen.

2 Den Tofu abwaschen, trockentupfen und in grobe Stücke schneiden. Knoblauch, Zwiebel und Ingwer schälen und fein hacken. Das Zitronengras putzen und in Stücke schneiden.

3 Die Thai-Auberginen putzen und waschen (die große Aubergine in kleine Stücke schneiden). Enoki-Pilze und Champignons mit Küchenpapier abreiben, die Champignons halbieren. Den Zucchino putzen, waschen, der Länge nach halbieren und in Scheiben schneiden. Die Chilischote längs halbieren, entkernen, waschen und in Ringe schneiden. Die Bambussprossen auf einem Sieb abtropfen lassen.

4 Den Wok erhitzen und das restliche Öl hineingeben und den Tofu darin anbraten. Knoblauch, Zwiebel, Ingwer, Zitronengras, Chili und Limettenblätter dazugeben und kurz mitbraten. Auberginen, Pilze, Zucchinischeiben und Bambussprossen ebenfalls dazugeben und kurz andünsten. Mit Kokosmilch und der Brühe auffüllen und etwa 6 Minuten köcheln lassen.

5 Den Gemüsetopf mit Limettensaft und Sojasauce kräftig abschmecken. Das Zitronengras und die Limettenblätter entfernen. In Schälchen füllen und mit dem Basmatireis servieren.

Mandarin-Pfannkuchen

mit Wok-Gemüse

Zutaten

300 g Weizenmehl · ca. 6 TL Öl

1 haselnussgroßes Stück Ingwer

2 Knoblauchzehen

250 g Möhren

200 g Frühlingszwiebeln

200 g Staudensellerie

120 g Mini-Maiskolben

(aus der Dose)

30 g Alfalfa-Sprossen

2 EL Sesamöl · 1 EL Öl

2 EL Hoisinsauce

6 EL helle Sojasauce

175 ml Gemüsebrühe

1 EL scharfe Bohnenpaste

Zubereitung

FÜR 4 PERSONEN

1 Für die Pfannkuchen aus Mehl, 200 ml Wasser und 2 TL Öl einen glatten Teig kneten und zu einer Kugel formen. Abgedeckt etwa 1 Stunde ruhen lassen.

2 Ingwer und Knoblauch schälen und hacken. Möhren schälen, Frühlingszwiebeln putzen und waschen. In 5 cm lange Streifen schneiden. Sellerie putzen und waschen. Die Stangen in Scheiben, das Grün in Streifen schneiden. Maiskolben und Sprossen in einem Sieb abbrausen, abtropfen lassen. Maiskolben längs halbieren.

3 Den Teig kneten, in 16 Stücke teilen und zu Fladen flach drücken. Jeden Fladen auf einer Seite mit Öl bepinseln. Je 2 Fladen mit der Ölseite zusammensetzen und rund ausrollen. Eine Pfanne ohne Fett erwärmen, die Fladen nacheinander backen. Wenn sie Blasen werfen, wenden, 2 Minuten weiterbacken. Abkühlen lassen. Am Rand auseinander ziehen, locker zusammenklappen.

4 Das gesamte Öl im Wok erhitzen. Das Gemüse mit Knoblauch und Ingwer – ohne Sprossen – 3 Minuten braten. Hoisin- und Sojasauce, Brühe und Bohnenpaste mitdünsten. Die Fladen mit Selleriegrün, Gemüse und Sprossen aufrollen.

Chili-Blumenkohl

mit Lauch und Tomaten

Zutaten

1 weiße Zwiebel
4 rote Chilischoten
4 Knoblauchzehen
1 walnussgroßes Stück Ingwer
250 g Lauch
1 Blumenkohl (ca. 800 g)
Salz
240 g Tomaten
4 EL Kokosöl
2 Msp. Kurkumapulver
3 EL helle Sojasauce
3 EL süße Sojasauce
(Ketjap Manis)

Zubereitung

FÜR 4 PERSONEN

1 Die Zwiebel schälen und in Würfel schneiden. Die Chilischoten längs halbieren, entkernen, waschen und in feine Streifen schneiden. Knoblauch und Ingwer schälen und fein hacken.

2 Lauch und Blumenkohl putzen und waschen. Den Lauch in etwa 5 cm lange, dünne Streifen schneiden. Den Blumenkohl in Röschen teilen, größere Röschen längs halbieren. Die Blumenkohlröschen in kochendem Salzwasser etwa 4 Minuten bissfest garen, in ein Sieb abgießen, kalt abschrecken und abtropfen lassen.

3 Die Tomaten überbrühen, häuten, halbieren und entkernen, das Fruchtfleisch in Würfel schneiden.

4 Den Wok erhitzen und das Kokosöl hineingeben. Zwiebel, Chili, Knoblauch und Ingwer darin bei mittlerer Hitze anbraten. Kurkuma hinzufügen und kurz mitdünsten. Blumenkohlröschen und Lauchstreifen dazugeben und 2 Minuten dünsten.

5 Beide Sojasaucen mit 200 ml Wasser mischen, in die Gemüsepfanne gießen und 2 Minuten köcheln lassen. Die Tomatenwürfel hinzufügen und alles nochmals kurz erhitzen.

Wirsinggemüse
mit Kokosstreifen

Ein Hauch von Exotik: Kokos, Chili und Zitrone machen dieses Gemüsegericht zu einem raffinierten Gaumenschmaus

Zutaten

800 g Wirsing
2 Zwiebeln
1 Knoblauchzehe
1 rote Chilischote
3 EL Öl
400 ml ungesüßte Kokosmilch
$^1/_2$ TL abgeriebene unbehandelte Zitronenschale
Salz · Pfeffer aus der Mühle
50 g frisches Kokosnussfleisch (oder fertige Kokosraspel)

Zubereitung

FÜR 4 PERSONEN

1 Den Wirsing putzen, die Blätter waschen und in etwa 2 cm breite Streifen schneiden. Die Zwiebeln und den Knoblauch schälen und fein hacken. Die Chilischote längs halbieren, entkernen, waschen und in feine Streifen schneiden.

2 Den Wok erhitzen und das Öl hineingeben. Die Wirsingstreifen darin unter ständigem Rühren 5 Minuten anbraten. Zwiebeln, Knoblauch und Chilistreifen dazugeben und etwa 2 Minuten unter Rühren mitbraten.

3 Die Kokosmilch dazugießen. Die Zitronenschale hinzufügen, das Gemüse mit Salz abschmecken. Das Wirsinggemüse bei mittlerer Hitze bissfest garen, dabei ab und zu umrühren.

4 Das Gemüse nochmals mit Salz und Pfeffer würzig abschmecken. Das Kokosnussfleisch mit einem Sparschäler in dünne Streifen schneiden. Das Wirsinggemüse mit den Kokosstreifen garniert servieren.

Tipp

Um eine Kokosnuss zu öffnen, zuerst zwei der drei »Augen« mit Hammer und Nagel öffnen. Das Kokoswasser herauslaufen lassen. Die Nuss mit einer Säge ansägen und mit einem Hammer aufklopfen.

Nudeln & Reis

Reisnudeln
mit Lauch und Erdnüssen

Nudeln gelten in Asien als Glücksbringer – kein Wunder, dass es in der fernöstlichen Küche so viele köstliche Wok-Rezepte mit Nudeln gibt

Zutaten

125 g breite Reisnudeln
200 g Möhren
300 g Lauch
1 Knoblauchzehe
1 haselnussgroßes Stück Ingwer
3 EL Öl
2 EL geröstete, gesalzene Erdnüsse
Salz · Pfeffer aus der Mühle

Zubereitung

FÜR 4 PERSONEN

1 Die Reisnudeln in einer Schüssel mit kochendem Wasser übergießen und etwa 15 Minuten quellen lassen, bis sie weich sind, aber noch Biss haben. Die Nudeln in ein Sieb abgießen und abtropfen lassen.

2 Die Möhren und den Lauch schälen bzw. putzen und waschen und jeweils in feine, lange Streifen schneiden. Knoblauch und Ingwer schälen, beides fein hacken.

3 Den Wok erhitzen und das Öl hineingeben. Ingwer und Knoblauch darin anbraten. Die Möhren- und Lauchstreifen dazugeben und unter Rühren ebenfalls anbraten.

4 Die abgetropften Nudeln zusammen mit den Erdnüssen in den Wok geben und nochmals alles unter Rühren etwa 2 Minuten braten. Zum Schluss mit Salz und Pfeffer abschmecken.

Tipp

Gemüsenudeln sehen dekorativ aus und sind ganz leicht herzustellen: Möhren mit dem Sparschäler oder einem Messer in dünnen Streifen abziehen. Lauch mit dem Messer in feine Streifen teilen.

Nudeln
mit vier Pilzsorten

Aufs Beste kombiniert: Von diesem klassischen Nudelgericht möchten Liebhaber der Asia-Küche bestimmt einen Nachschlag

Zutaten

10 getrocknete Mu-Err-Pilze
200 g Champignons
200 g Austernpilze
50 g Shiitake-Pilze
100 g Sojabohnensprossen
1 Möhre · 1 Frühlingszwiebel
2 Knoblauchzehen
1 haselnussgroßes Stück Ingwer
150 g Chinakohl
1 EL Speisestärke
4 EL Reiswein
400 g schmale Bandnudeln
Salz · 3 EL Öl
150 ml Gemüsebrühe
3 EL Sojasauce
Pfeffer aus der Mühle

Zubereitung

FÜR 4 PERSONEN

1 Die Mu-Err-Pilze etwa 15 Minuten in heißem Wasser einweichen. Die Pilze dann waschen, die harten Stiele entfernen und den Rest in Streifen schneiden. Die frischen Pilze putzen und mit Küchenpapier abreiben. Von den Shiitake-Pilzen die harten Stiele entfernen, alle Pilze in dünne Streifen schneiden. Die Sojabohnensprossen in einem Sieb heiß abbrausen und abtropfen lassen.

2 Die Möhre schälen und in streichholzdicke Streifen schneiden. Die Frühlingszwiebel putzen, waschen und in feine Ringe schneiden. Knoblauch und Ingwer schälen, beides fein hacken. Den Chinakohl putzen, waschen und in feine Streifen schneiden. In einer Tasse oder kleinen Schüssel die Speisestärke mit dem Reiswein glatt rühren.

3 Die Bandnudeln nach Packungsanweisung in reichlich kochendem Salzwasser bissfest garen. In der Zwischenzeit den Wok erhitzen und das Öl hineingeben. Frühlingszwiebel, Knoblauch und Ingwer darin unter Rühren leicht anbraten. Pilze und Möhrenstreifen dazugeben und alles 2 Minuten braten.

4 Die Sojabohnensprossen und den Chinakohl unterrühren und 1 Minute mitbraten. Reiswein mit Speisestärke, Brühe und Sojasauce dazugießen und aufkochen, mit Salz und Pfeffer abschmecken.

5 Die Nudeln in ein Sieb abgießen, abtropfen lassen und mit der Pilzsauce vermischen. Nach Belieben mit gehackter Petersilie garniert servieren.

Reisnudeln
mit Wirsing und Pilzen

An die Stäbchen, fertig, los: Mit Reisnudeln, aromatischen Pilzen und buntem Gemüse kommt fernöstliche Lebensart auf den Tisch

Zutaten

300 g breite Reisnudeln
250 g Wirsing
300 g Austernpilze
1/2 rote Paprikaschote
75 ml Gemüsebrühe
3 EL Limettensaft
3 EL helle Sojasauce
4 EL Öl
Salz
Cayennepfeffer
einige Koriander- oder Kerbelblätter

Zubereitung

FÜR 4 PERSONEN

1 Die Reisnudeln in einer Schüssel mit kochendem Wasser übergießen und etwa 15 Minuten quellen lassen, bis sie weich sind, aber noch Biss haben. Die Nudeln in ein Sieb abgießen und abtropfen lassen.

2 Inzwischen den Wirsing putzen, von den dicken Blattrippen befreien, waschen und in feine Streifen schneiden. Die Pilze putzen, mit Küchenpapier abreiben und in feine Scheiben schneiden. Die Paprikahälfte putzen, waschen und in möglichst feine Würfel schneiden.

3 In einer kleinen Schüssel die Brühe mit dem Limettensaft und der Sojasauce verrühren.

4 Den Wok erhitzen und das Öl hineingeben. Die Pilze darin etwa 1 Minute unter Rühren braten, dann an den Rand schieben. Den Wirsing hinzufügen und unter Rühren 4 bis 5 Minuten braten, bis er ebenfalls bissfest ist.

5 Die Pilze wieder untermischen, die abgetropften Reisnudeln und die Saucenmischung dazugeben und alles kurz unter Rühren erhitzen. Mit Salz und Cayennepfeffer abschmecken und mit den Paprikawürfeln und den Kräuterblättern bestreut servieren.

Tipp

Reisnudeln bekommt man in verschiedenen Varianten im Asienladen. Sie werden nicht gekocht, sondern nur heiß überbrüht. Alternativ kann man auch herkömmliche Eierbandnudeln verwenden.

Eiernudeln

mit Kohl und Shiitake-Pilzen

Zutaten

250 g chinesische Eiernudeln

Salz

400 g Weißkohl

1 große Möhre

200 g Shiitake-Pilze

4 EL Erdnussöl

Pfeffer aus der Mühle

1 TL Dayong (oder eine andere chinesische Gewürzmischung)

4 EL Sojasauce

Zubereitung

FÜR 4 PERSONEN

1 Die Eiernudeln nach Packungsanweisung in reichlich kochendem Salzwasser bissfest garen. In ein Sieb abgießen, kalt abschrecken und gut abtropfen lassen.

2 Den Weißkohl vierteln, den Strunk entfernen und die Viertel quer in feine Streifen schneiden. Weißkohl waschen und abtropfen lassen.

3 Möhre schälen, längs in dünne Scheiben, dann in feine Streifen schneiden. Pilze putzen, mit Küchenpapier abreiben und halbieren.

4 Den Wok erhitzen, die Hälfte des Öls hineingeben und die Kohl- und Möhrenstreifen darin unter Rühren bei mittlerer Hitze braten. Sie dürfen keinesfalls bräunen. Dann das Gemüse herausnehmen. Das restliche Öl im Wok erhitzen und die Pilze bei starker Hitze goldbraun braten.

5 Die Gemüsestreifen und die Nudeln in den Wok geben. Gründlich vermischen und mit Salz, Pfeffer, Dayong und Sojasauce würzen.

Glasnudeln

mit Gemüse und Sesam

Zutaten

200 g Glasnudeln

2 Möhren · 1 gelbe Paprikaschote

1 mittelgroßer Zucchino

1 rote Chilischote

1 Knoblauchzehe

4 EL Sesamöl

Salz · Pfeffer aus der Mühle

100 g Sojabohnensprossen

2 EL Sojasauce

1 EL Austernsauce

1 EL gehackte Korianderblätter

1 EL weiße Sesamsamen

Zubereitung

FÜR 4 PERSONEN

1 Die Glasnudeln etwa 10 Minuten in lauwarmem Wasser quellen lassen.

2 Die Möhren schälen. Die Paprikaschote putzen, längs halbieren und waschen. Den Zucchino putzen und waschen. Die Möhren, die Paprikahälften und den Zucchino in feine Streifen schneiden. Die Chilischote längs halbieren, entkernen, waschen und fein hacken. Den Knoblauch schälen und ebenfalls fein hacken.

3 Den Wok erhitzen und 3 EL Öl hineingeben. Den Knoblauch darin goldbraun anbraten. Das Gemüse unter Rühren darin anbraten, aber nicht bräunen. Salzen und pfeffern.

4 Die Glasnudeln abtropfen lassen. Mit einer Schere in Stücke schneiden und unter das Gemüse mischen. Die Sojabohnensprossen in einem Sieb heiß abbrausen und abtropfen lassen. Soja- und Austernsauce, restliches Öl und Sprossen zum Gemüse geben. Mit Korianderblättern und Sesamsamen servieren.

Eiernudeln

mit Spargel und Tamarinde

Kulinarisches Gipfeltreffen: Wenn Zitronengras, Spargel und Tamarinde ins Spiel kommen, dürfen Nudel-Fans Besonderes erwarten

Zutaten

100 g chinesische Eiernudeln
Salz
100 g Tofu
200 g grüner Spargel
1 kleiner Kopf Pak-Choi
1 Schalotte
1 Knoblauchzehe
2 Kartoffeln
1 Stängel Zitronengras
1 EL Tamarindenpaste
1 EL Öl
2 Limettenblätter
2 TL Sambal Ketjap
1 EL Sojasauce

Zubereitung

FÜR 4 PERSONEN

1 Die Eiernudeln nach Packungsanweisung in reichlich kochendem Salzwasser bissfest garen. In ein Sieb abgießen, kalt abschrecken und abtropfen lassen.

2 Den Tofu waschen, trockentupfen und in Würfel schneiden. Den Spargel im unteren Drittel schälen, waschen und in Stücke schneiden. Den Pak-Choi putzen, waschen und klein schneiden. Schalotte und Knoblauch schälen, beides fein hacken. Die Kartoffeln schälen und in Würfel schneiden. Das Zitronengras putzen und in Stücke schneiden. Die Tamarindenpaste mit 3 EL warmem Wasser anrühren.

3 Den Wok erhitzen und das Öl hineingeben. Knoblauch, Schalotte und Kartoffelwürfel darin etwa 5 Minuten anbraten. 50 ml Wasser, Limettenblätter, angerührte Tamarindenpaste und Zitronengras dazugeben. Alles zugedeckt weitere 10 Minuten garen.

4 Den Deckel abnehmen, Spargel und Pak-Choi dazugeben und etwa 5 Minuten dünsten. Die Tofuwürfel etwa 2 Minuten mitbraten. Die Nudeln unterrühren, mit Sambal Ketjap und Sojasauce abschmecken.

Tipp

Ähnlich wie das beliebte Sambal Oelek ist Sambal Ketjap eine chinesische Würzsauce aus Chilischoten. Den charakteristischen Geschmack bekommt die Sauce durch fermentierte Sojabohnen.

Eiernudeln
mit Rindfleisch

Ein Satt- und Seligmacher: Dieses deftige Nudelgericht mit Fleisch und Mangold könnte italienische Pasta-Köche neidisch machen

Zutaten

200 g chinesische Eiernudeln
Salz
300 g Rindfleisch
(zum Kurzbraten)
1 rote Chilischote
3 Knoblauchzehen
3 große Mangoldblätter
4 EL Öl
1 TL Senfkörner
1/2 l Gemüsebrühe
3 EL Sojasauce
Pfeffer aus der Mühle

Zubereitung

FÜR 4 PERSONEN

1 Die Eiernudeln nach Packungsanweisung in reichlich kochendem Salzwasser bissfest garen. In ein Sieb abgießen, kalt abschrecken und abtropfen lassen.

2 Das Fleisch in dünne, mundgerechte Stücke schneiden. Die Chilischote längs halbieren, entkernen, waschen und fein hacken. Den Knoblauch schälen und in Scheiben schneiden. Den Mangold putzen und waschen. Den weißen Stiel heraustrennen und diesen dann in etwa 2 cm breite Stücke schneiden, das Grün in Streifen schneiden.

3 Den Wok erhitzen und das Öl hineingeben. Senfkörner, Knoblauch und Chili darin andünsten. Die weißen Mangoldstücke und das Fleisch dazugeben und bei schwacher Hitze ebenfalls kurz andünsten, aber nicht bräunen lassen. Brühe und Sojasauce hinzufügen und zugedeckt 3 Minuten garen. Dann die grünen Mangoldstreifen dazugeben und alles weitere 7 Minuten zugedeckt garen, mit Salz und Pfeffer abschmecken. Die Nudeln unterheben und erhitzen.

Tipp

Probieren Sie statt Mangold auch andere Gemüsesorten wie Brokkoli, Paprika oder Wirsing. Mit leicht angerösteten Cashewkernen oder Erdnüssen bekommt das Nudelgericht zusätzlichen Biss.

China-Eiernudeln

mit Huhn und Shrimps

Zutaten

250 g chinesische Eiernudeln

Salz

1 Bund Frühlingszwiebeln

2 Knoblauchzehen

300 g Hähnchenbrustfilet

1 rote Chilischote

4 EL Öl

100 g Shrimps (küchenfertig)

50 g Sojabohnensprossen

1 EL frisch geriebener Ingwer

4 EL Sojasauce

Zubereitung

FÜR 4 PERSONEN

1 Die Eiernudeln nach Packungsanweisung in reichlich kochendem Salzwasser bissfest garen. In ein Sieb abgießen, kalt abschrecken und abtropfen lassen.

2 Frühlingszwiebeln putzen, waschen und in Scheiben schneiden. Knoblauch schälen und fein hacken. Hähnchenbrustfilet waschen und trockentupfen, zuerst in Scheiben, dann in Streifen schneiden. Chilischote längs halbieren, entkernen, waschen und sehr fein hacken.

3 Den Wok erhitzen und das Öl hineingeben. Die vorbereiteten Zutaten unter Rühren darin anbraten: Zuerst das Fleisch hineingeben und anbraten. Dann die Shrimps dazugeben und mitbraten. Schließlich Knoblauch und Frühlingszwiebeln hinzufügen, zuletzt die Chilischote dazugeben.

4 Die Sojabohnensprossen in einem Sieb heiß abbrausen und abtropfen lassen. Mit Ingwer, Sojasauce und Nudeln in den Wok geben und alles locker miteinander vermischen.

Indonesische Nudeln
mit Schweinefleisch

Zutaten

250 g chinesische Eiernudeln
Salz · 1 kleiner Kopf Chinakohl
100 g Shiitake-Pilze
300 g Schweinefilet
1 rote Chilischote
1 Stängel Zitronengras
3 EL Öl
1 EL frisch geriebener Ingwer
1/2 TL Dayong (oder eine andere chinesische Gewürzmischung)
2 EL Reiswein
4 EL Sojasauce

Zubereitung

FÜR 4 PERSONEN

1 Die Eiernudeln nach Packungsanweisung in reichlich kochendem Salzwasser bissfest garen. In ein Sieb abgießen, kalt abschrecken und abtropfen lassen.

2 Den Chinakohl putzen, waschen und in 1 cm breite Streifen schneiden. Die Shiitake-Pilze mit Küchenpapier abreiben. Die Pilze und das Schweinefilet in dünne Scheiben schneiden.

3 Die Chilischote längs halbieren, entkernen, waschen und fein hacken. Das Zitronengras putzen, waschen und in Stücke schneiden.

4 Den Wok erhitzen und das Öl hineingeben. Nacheinander das Fleisch, die Pilze und den Kohl darin anbraten. Chilischote, Zitronengras, Ingwer und Gewürzmischung dazugeben und alles mit Reiswein und Sojasauce begießen. Die Nudeln untermischen und etwa 3 Minuten durchziehen lassen.

Tofu-Nudel-Pfanne
mit Wasserkastanien

Lust auf Ausgefallenes? Eiernudeln mit Tofu, Süßkartoffeln und Wasserkastanien verführen Genießer zum Schlemmen

Zutaten

150 g chinesische Eiernudeln
Salz
2 Süßkartoffeln
3 Frühlingszwiebeln
1 Zwiebel · 1 Knoblauchzehe
1 rote Chilischote
100 g geräucherter Tofu
2 TL Sesamöl
60 g Wasserkastanien (aus der Dose)
50 ml Gemüsebrühe
2 Tomaten
2 EL Sojasauce
Pfeffer aus der Mühle
1/2 Bund Schnittlauch

Zubereitung

FÜR 4 PERSONEN

1 Die Eiernudeln nach Packungsanweisung in reichlich kochendem Salzwasser bissfest garen. In ein Sieb abgießen, kalt abschrecken und abtropfen lassen.

2 Die Süßkartoffeln schälen, waschen und in kleine Würfel schneiden. Die Frühlingszwiebeln putzen, waschen und in Stücke schneiden. Die Zwiebel und den Knoblauch schälen, beides fein hacken. Die Chilischote längs halbieren, entkernen, waschen und in Streifen schneiden. Den Tofu in Streifen schneiden.

3 Den Wok erhitzen und das Öl hineingeben. Die Tofustreifen kurz darin anbraten und wieder herausnehmen. Zwiebeln, Knoblauch und Chili im verbliebenen Öl anbraten. Süßkartoffeln, Frühlingszwiebeln und abgetropfte Wasserkastanien hinzufügen und etwa 5 Minuten mitbraten. Das Gemüse mit Brühe ablöschen und zugedeckt weitere 15 Minuten garen.

4 Die Tomaten waschen und in Spalten schneiden, dabei die Stielansätze entfernen. Nudeln, Tofu und Tomaten zum Gemüse geben und 5 Minuten braten. Mit Sojasauce und Pfeffer abschmecken. Den Schnittlauch waschen, trockenschütteln und in Röllchen schneiden. Die Nudelpfanne mit dem Schnittlauch bestreut servieren.

Tipp

Für eine Variante mit Fleisch können Sie anstatt Tofu Hähnchenbrust verwenden. Dafür 1 TL Sesamöl mit 1 EL Sojasauce verrühren. Das Fleisch darin marinieren, trockentupfen und wie den Tofu braten.

Indonesischer Curryreis
mit Hähnchenbrust

Eine Spezialität, die süchtig macht: Mit Curry, Hähnchenbrust und Zitronengras hat duftender Reis die perfekten Partner gefunden

Zutaten

200 g Hähnchenbrustfilet
1 EL flüssiger Honig
3 EL Sojasauce
2 EL Currypulver
1 EL Tomatenketchup
1 TL Maisstärke
2 Stängel Zitronengras
1 Bund Frühlingszwiebeln
1 rote Paprikaschote
2 Knoblauchzehen
1 rote Chilischote
4 EL Sesamöl
500 g gekochter Basmatireis

Zubereitung

FÜR 4 PERSONEN

1 Das Hähnchenbrustfilet waschen, trockentupfen und in feine Streifen schneiden. Aus Honig, Sojasauce, 1 EL Currypulver, Ketchup und Stärke eine Marinade rühren und unter das Fleisch mischen. 15 Minuten ziehen lassen.

2 Zitronengras waschen, der Länge nach halbieren und in feine Ringe schneiden. Frühlingszwiebeln putzen, waschen und in 1 bis 2 cm große Stücke schneiden. Die Paprikaschote putzen, waschen und in kleine Würfel schneiden.

3 Den Knoblauch schälen und fein hacken. Die Chilischote längs halbieren, entkernen, waschen und in sehr feine Streifen schneiden.

4 Den Wok erhitzen und das Öl hineingeben, das Fleisch darin anbraten. Zwiebeln, Paprika und Zitronengras dazugeben und kurz mitbraten. Knoblauch und Chili unterrühren. Den kalten Reis hinzufügen und etwa 3 Minuten mitbraten. Zum Schluss das restliche Currypulver dazugeben und gut untermischen.

Tipp

Keine Lust auf Fleisch? Der Curryreis wird zum fleischlosen Verwandlungskünstler, wenn statt Hähnchenbrust Bananen in den Wok wandern. Die Marinade halbieren und die Bananen nur ganz kurz braten.

Curry-Kokos-Reis
mit Zuckerschoten

Zutaten

400 g Zuckerschoten

1 Bund Frühlingszwiebeln

1 gelbe Paprikaschote

1 Zwiebel

1 Knoblauchzehe

1 haselnussgroßes Stück Ingwer

2 EL Öl

300 g Langkornreis

400 ml ungesüßte Kokosmilch

1/4 l Gemüsebrühe

2 EL Zitronensaft

2 TL Currypulver · Salz

1 kleines Bund Basilikum

Zubereitung

FÜR 4 PERSONEN

1 Die Zuckerschoten putzen und waschen. Die Frühlingszwiebeln putzen, waschen und mit dem Grün in feine Ringe schneiden. Die Paprikaschote putzen, waschen und in Streifen schneiden. Zwiebel, Knoblauch und Ingwer schälen, alles fein hacken.

2 Den Wok erhitzen und das Öl hineingeben. Zuckerschoten, Frühlingszwiebeln und Paprika darin unter Rühren bei starker Hitze 2 Minuten braten, dann herausnehmen. Zwiebel, Knoblauch und Ingwer dazugeben und 1 Minute braten. Den Reis dazugeben, unterrühren und mitbraten, bis er glasig wird.

3 Kokosmilch und Brühe dazugießen. Den Reis mit Zitronensaft, Currypulver und Salz kräftig abschmecken und zugedeckt bei schwacher Hitze etwa 15 Minuten garen.

4 Das vorgegarte Gemüse untermischen und die Reispfanne nochmals 5 Minuten garen. Basilikum waschen und trockenschütteln, die Blätter von den Stielen zupfen und in Streifen schneiden. Den Curry-Kokos-Reis mit Basilikum bestreut servieren.

Eier-Curry-Reis

mit buntem Gemüse

Zutaten

250 g Basmatireis
1 kleine Möhre
1 dünne Stange Lauch
1 rote Paprikaschote
100 g Champignons
100 g Sojabohnensprossen
4 EL Öl
100 g Erbsen (tiefgekühlt)
2 TL Currypulver · Salz
2 Eier
2 EL Reiswein
Pfeffer aus der Mühle

Zubereitung

FÜR 4 PERSONEN

1 Den Reis unter fließendem Wasser gründlich waschen. In einem Topf mit 1/2 l Wasser zum Kochen bringen und zugedeckt bei schwacher Hitze etwa 20 Minuten garen. Überschüssiges Wasser abgießen und den Reis abkühlen lassen.

2 Die Möhre schälen und in kleine Würfel schneiden. Den Lauch putzen, waschen, quer in Streifen schneiden. Die Paprika putzen, waschen und in Würfel schneiden. Die Pilze putzen, in Scheiben schneiden. Die Sprossen abbrausen.

3 Den Wok erhitzen und 3 EL Öl darin heiß werden lassen. Den Reis hineingeben und unter ständigem Rühren knusprig braten.

4 Den Reis aus dem Wok nehmen, das restliche Öl darin erwärmen. Das Gemüse dazugeben und 5 Minuten braten. Erbsen und Currypulver untermischen, salzen und noch 1 Minute braten. Den Reis wieder dazugeben. Die Eier mit Reiswein, Salz und Pfeffer verrühren, untermischen und kurz durchrühren, bis die Eier gestockt, aber noch saftig sind.

Nasigoreng
mit Spiegelei

Unübertroffen gut: Mit der beliebten indonesischen Reispfanne landet man auch bei Gästen immer wieder einen Volltreffer

Zutaten

300 g Langkornreis · Salz
1 Bund Frühlingszwiebeln
350 g Schweinefilet
4 Schalotten
2 Knoblauchzehen
6 EL Öl · 4 Eier
Pfeffer aus der Mühle
2 EL süße Sojasauce (Ketjap Manis)
1 TL Sambal Oelek
1 Msp. gemahlener Galgant

Zubereitung

FÜR 4 PERSONEN

1 Den Reis unter fließendem Wasser waschen und abtropfen lassen. Mit der 1 1/2-fachen Menge Wasser und 1 TL Salz aufkochen, zugedeckt bei schwacher Hitze etwa 20 Minuten quellen lassen. Den Reis etwas auflockern und ohne Deckel ausdampfen und abkühlen lassen.

2 Die Frühlingszwiebeln putzen und waschen. Die weißen Enden zuerst längs vierteln und dann quer in etwa 4 cm lange Stücke schneiden. Das Schweinefilet erst in Scheiben, dann in Streifen schneiden. Die Schalotten schälen und in feine Scheiben schneiden. Den Knoblauch schälen und fein hacken.

3 Den Wok stark erhitzen und 3 EL Öl hineingeben. Die Hälfte der Schalottenscheiben zu Ringen aufblättern und im heißen Öl unter häufigem Wenden goldbraun und knusprig braten. Die Röstschalotten aus dem Öl nehmen und auf Küchenpapier abtropfen lassen. 2 EL Öl in den Wok geben und die Fleischstreifen darin unter ständigem Rühren etwa 5 Minuten braten, bis sie knusprig sind.

4 Die restlichen Schalotten, Knoblauch und Frühlingszwiebeln dazugeben und kurz anbraten. Zuletzt den Reis hinzufügen und bei starker Hitze unter Rühren 3 bis 5 Minuten braten, bis er goldgelb ist. Inzwischen in einer Pfanne 1 EL Öl erhitzen und die Eier darin als Spiegeleier braten, das Eiweiß jeweils leicht salzen und pfeffern.

5 Den gebratenen Reis mit Ketjap Manis, Sambal Oelek und Galgant vermischen, mit Salz und Pfeffer kräftig abschmecken und auf Tellern anrichten. Auf jede Portion Nasigoreng ein Spiegelei setzen und mit den Röstschalotten bestreut servieren.

Gebratener Reis
mit Cashewkernen

Eine Mischung, die es in sich hat: Paprika, Frühlingszwiebeln und knackige Nüsse sorgen bei diesem Gericht für Biss und Geschmack

Zutaten

Salz · 250 g Langkornreis
je 1 kleine rote, gelbe und grüne Paprikaschote
100 g Salatgurke
2 Frühlingszwiebeln
100 g Cashewkerne
4 EL Öl
Pfeffer aus der Mühle

Zubereitung

FÜR 4 PERSONEN

1 Etwa 1 l Wasser aufkochen, leicht salzen, den Reis hineingeben und einmal umrühren. Den Reis aufkochen und etwa 20 Minuten quellen lassen. Den Reis abkühlen lassen.

2 Die Paprikaschoten putzen, waschen und in feine Würfel schneiden. Die Gurke waschen und ebenfalls in feine Würfel schneiden. Die Frühlingszwiebeln putzen, waschen und in feine Ringe schneiden.

3 Den Wok erhitzen. Die Cashewkerne darin ohne Fett anrösten, herausnehmen und beiseite stellen. Das Öl in den Wok geben und erhitzen. Paprika, Gurke und Zwiebeln hineingeben und kurz anbraten. Reis und Nüsse dazugeben, vermischen und 3 Minuten weiterbraten.

4 Den gebratenen Reis salzen und pfeffern, 2 Minuten weiterbraten. Auf vorgewärmten Tellern oder in Schälchen servieren.

Tipp

Der gebratene Reis wird noch körniger im Geschmack, wenn man 100 g Langkornreis durch schwarzen Wildreis ersetzt. Dazu passen besonders gut Erdnüsse oder geschälte, halbierte Mandeln.

Gefüllter Klebreis
mit Hackfleisch

Zutaten

150 g Klebreis

100 g Garnelen (küchenfertig)

2 Frühlingszwiebeln

5 Wasserkastanien (aus der Dose)

150 g Schweinehackfleisch

1 Ei

1 EL Kartoffelmehl

2 EL Fischsauce

Pfeffer aus der Mühle

2 EL Öl

Zubereitung

FÜR 4 PERSONEN

1 Den Klebreis etwa 8 bis 10 Stunden in lauwarmem Wasser einweichen, dann abgießen und etwa 20 Minuten im Dämpftopf garen.

2 Die Garnelen waschen und das Garnelenfleisch fein hacken. Die Frühlingszwiebeln putzen, waschen und in feine Ringe schneiden. Die Wasserkastanien abtropfen lassen und in kleine Stücke schneiden. Die vorbereiteten Zutaten mit Hackfleisch, Ei, Kartoffelmehl und Fischsauce gut vermischen, mit Pfeffer würzen.

3 Jeweils etwa 2 EL Reis abstechen und zu runden, flachen Kreisen formen. Jeweils 1 EL der Fleischmasse in die Mitte setzen und den Reis um die Füllung zu kleinen, gleichmäßigen Bällchen formen. So lange fortfahren, bis alle Zutaten aufgebraucht sind.

4 Den Boden eines Bambuskorbs mit Öl bestreichen und die Reisbällchen hineinsetzen. Fingerbreit Wasser in den Wok füllen und zum Kochen bringen. Den Bambuskorb einsetzen und 15 Minuten dämpfen. Die Reisbällchen nach Belieben mit Chilisauce und Gemüse servieren.

Frittierte Reisbällchen
mit pikanter Sauce.

Zutaten

300 g Langkorn-Wildreis-Mischung · Salz
1 Bund Frühlingszwiebeln
2 Knoblauchzehen
1 haselnussgroßes Stück Ingwer
1 Salatgurke
2 Eier · 50 g Mehl
2 EL gemahlene Mandeln
Pfeffer aus der Mühle
Öl zum Braten und Frittieren
100 g süße Chilisauce
2 TL Reisessig · 1 TL Sojasauce
einige Salatblätter

Zubereitung

FÜR 4 PERSONEN

1 Den Reis mit 600 ml Salzwasser einmal aufkochen, dann bei schwacher Hitze 20 Minuten quellen lassen.

2 Inzwischen Frühlingszwiebeln putzen, Knoblauch und Ingwer schälen und wie die Frühlingszwiebeln fein hacken. Die Gurke schälen, längs halbieren, entkernen und in kleine Würfel schneiden. Den gegarten Reis mit Eiern, Mehl und Mandeln vermischen, salzen und pfeffern. Aus der Masse mit angefeuchteten Händen etwa walnussgroße Bällchen formen.

3 Den Wok erhitzen und 1 EL Öl hineingeben. Frühlingszwiebeln, Knoblauch und Ingwer darin 2 Minuten braten und in eine Schüssel geben. Gurkenwürfel und Chilisauce dazugeben, mit Reisessig und Sojasauce abschmecken.

4 Das Öl erhitzen und die Reisbällchen darin portionsweise 4 bis 5 Minuten goldgelb frittieren. Salatblätter waschen, trockentupfen und in Streifen schneiden. Die Reisbällchen auf dem Salat anrichten und mit der Sauce servieren.

Fisch & Meeresfrüchte

Shrimps-Pilz-Pfanne
mit Glasnudeln und Tofu

Ein heißer Favorit: In diesem raffinierten Wok-Gericht mischen sich Düfte und Aromen, dass es für Genießer eine wahre Freude ist

Zutaten

400 g Shrimps (küchenfertig)
50 g getrocknete Morcheln
4 Knoblauchzehen
1 getrocknete Chilischote
200 g Zuckerschoten
200 g Champignons
425 g Mini-Maiskolben (aus der Dose)
100 g Tofu
300 g Glasnudeln
4 EL Sesamöl
3 EL Sojasauce
1 EL frisch geriebener Ingwer
2 EL Austernsauce
Salz · Pfeffer aus der Mühle

Zubereitung

FÜR 4 PERSONEN

1 Die Shrimps in einem Sieb kalt abbrausen und abtropfen lassen. Die Morcheln mit heißem Wasser übergießen und 15 Minuten quellen lassen. Abtropfen lassen und gut waschen, um eventuell noch anhaftenden Sand zu entfernen.

2 Den Knoblauch schälen und halbieren. Die Chilischote im Mörser sehr fein zerstoßen. Die Zuckerschoten putzen und waschen. Die Champignons mit Küchenpapier abreiben und in gleichmäßige Scheiben schneiden. Die Maiskolben abtropfen lassen und der Länge nach vierteln. Den Tofu abwaschen, trockentupfen und in Würfel schneiden.

3 Die Glasnudeln mit kochendem Wasser übergießen und etwa 10 Minuten quellen lassen. Abgießen, mit warmem Wasser abbrausen und kurz abtropfen lassen.

4 Den Wok erhitzen und das Öl hineingeben. Nacheinander darin die Zuckerschoten, die Champignons, den Knoblauch und die Morcheln unter Rühren bei starker Hitze etwa 2 Minuten braten. Das Gemüse im Wok an den Rand schieben und die Maiskolben, die Shrimps und die Tofuwürfel hineingeben. Alles etwa 1 Minute bei starker Hitze braten, dabei gelegentlich umrühren.

5 Die Sojasauce, den geriebenen Ingwer, die Austernsauce und die zerstoßene Chilischote dazugeben. Das Gemüse mit den Shrimps und den Gewürzen gut vermischen, mit Salz und Pfeffer abschmecken und etwa 1 Minute braten. Die Nudeln dazugeben, untermischen und noch heiß servieren.

Seafood-Curry

mit Garnelen und Mango

Ein edles Kontrastprogramm: Zwei ganz unterschiedliche Geschmacksnoten machen dieses Curry zu einem feinen Gaumenkitzler

Zutaten

500 g tiefgekühlte Meeresfrüchte (z. B. Shrimps, Muscheln, Kalmare)
2 reife Mangos
3 EL Kokosraspel
ca. 3 EL ungesüßte Kokosmilch
2 Msp. Chilipulver
2 EL Currypulver
1 große Möhre · 2 Zwiebeln
3 Knoblauchzehen
2 Stangen Staudensellerie
2 EL Öl · Saft von 1/2 Zitrone
5 EL Sesamöl
Salz · Pfeffer aus der Mühle

Zubereitung

FÜR 4 PERSONEN

1 Die Meeresfrüchte auftauen lassen. Anschließend kalt abbrausen und gut trockentupfen.

2 Mangos schälen und das Fruchtfleisch in etwa 1/2 cm dicken Scheiben vom Kern schneiden. Die Hälfte des Fruchtfleisches mit Kokosraspeln, Kokosmilch, Chili- und Currypulver sowie 3 EL Wasser im Mixer zu einer feinen Sauce pürieren.

3 Die Möhre schälen und in Würfel schneiden. Die Zwiebeln und den Knoblauch schälen und fein hacken. Die Selleriestangen putzen, waschen und in kleine Würfel schneiden. Etwas Selleriegrün zum Garnieren beiseite legen.

4 Den Wok erhitzen, das Öl hineingeben und die Gemüsewürfel darin andünsten. Die Meeresfrüchte dazugeben und kurz anbraten. Die Sauce untermischen und alles etwa 8 Minuten bei schwacher Hitze ziehen lassen. Wenn die Sauce zu dick wird, entweder mit Kokosmilch oder mit Wasser verdünnen.

5 Das Seafood-Curry mit Zitronensaft, Sesamöl, Salz und Pfeffer würzen und mit den restlichen Mangoscheiben und dem Selleriegrün garnieren.

Tipp

Anstelle eines Meeresfrüchte-Mix können Sie für dieses Curry auch nur Garnelen verwenden. Neben den tiefgekühlten erhalten Sie gegarte (rosa) und rohe (graue) Garnelen im Handel.

Süß-saure Garnelen

mit Paprika und Chili

Zutaten

1 Eiweiß

2 EL Aceto balsamico

4 EL Reiswein · 2 EL Sojasauce

1 EL Tomatenketchup

Salz · Pfeffer aus der Mühle

20 große Garnelen (küchenfertig)

2 rote Paprikaschoten

4 Frühlingszwiebeln

1 rote Chilischote

2 EL Speisestärke

5 EL Öl · 1 Msp. Ingwerpulver

4 EL Hummerfond

Zubereitung

FÜR 4 PERSONEN

1 Das Eiweiß leicht schaumig schlagen und mit dem Essig, dem Reiswein, der Sojasauce und dem Ketchup zu einer Marinade verrühren. Mit Salz und Pfeffer abschmecken. Garnelen kalt abbrausen, abtropfen lassen und 20 Minuten darin marinieren.

2 Die Paprikaschoten putzen, waschen und in 2 cm große Würfel schneiden. Die Frühlingszwiebeln putzen, waschen und in Ringe schneiden. Die Chilischote entkernen, waschen und fein hacken.

3 Die Garnelen aus der Marinade nehmen, abtropfen lassen und mit Speisestärke bestäuben. Den Wok erhitzen, das Öl hineingeben und die Garnelen darin unter Rühren anbraten. Herausnehmen und warm stellen.

4 Das Gemüse im Bratfett unter Rühren etwa 5 Minuten bei mittlerer Hitze garen. Mit Ingwer würzen, die Marinade und den Hummerfond dazugeben. Alles 3 Minuten köcheln lassen. Zum Schluss die gebratenen Garnelen untermischen.

Garnelen
im Lauchmantel

Zutaten

8 Riesengarnelenschwänze (à ca. 40 g)
2 Stangen Lauch
Salz · 2 Knoblauchzehen
1 haselnussgroßes Stück Ingwer
1/2 Bund Petersilie
1 EL flüssiger Honig
Saft von 1 Zitrone
4 EL trockener Sherry
4 EL Sesamöl
Pfeffer aus der Mühle

Zubereitung

FÜR 4 PERSONEN

1 Die Garnelen schälen, am Rücken entlang einschneiden und den dunklen Darm entfernen. Garnelen kalt abbrausen und trockentupfen.

2 Den Lauch putzen, längs einschneiden und gründlich waschen. Acht schöne Blätter ablösen, in kochendem Salzwasser kurz blanchieren, eiskalt abschrecken und abtropfen lassen.

3 Für die Marinade Knoblauch und Ingwer schälen, beides fein hacken. Die Petersilie waschen und trockenschütteln, die Blätter von den Stielen zupfen und klein schneiden. Knoblauch, Ingwer und Petersilie mit Honig, Zitronensaft, Sherry und 3 EL Sesamöl verrühren, mit Salz und Pfeffer würzen. Die Garnelen mit der Marinade vermischen und 20 Minuten ziehen lassen.

4 Die Garnelen aus der Marinade nehmen und auf Küchenpapier abtropfen lassen. Mit je einem Lauchblatt umwickeln und mit einem Holzspießchen feststecken. Den Wok erhitzen, das restliche Öl hineingeben. Die Garnelen darin rundum etwa 5 Minuten dünsten. Nach Belieben mit Sesamsamen bestreuen und auf Limettenscheiben anrichten.

Gebratene Garnelen
mit scharfen Sprossen

So scharf, wie es die Asiaten lieben: Garnelen, Sprossen und Sambal Oelek lassen einem das Wasser im Mund zusammenlaufen

Zutaten

250 g chinesische Eiernudeln
Salz
1 Bund Frühlingszwiebeln
1 Knoblauchzehe
50 g Sojabohnensprossen
16 Garnelen (küchenfertig)
3 EL Öl
2 TL Speisestärke
1/4 l Gemüsebrühe
1/2 TL Sambal Oelek
1 TL Zucker
1 EL Zitronensaft
2 TL Tomatenmark

Zubereitung

FÜR 4 PERSONEN

1 Die Eiernudeln nach Packungsanweisung in reichlich kochendem Salzwasser bissfest garen. In ein Sieb abgießen, kalt abschrecken und abtropfen lassen.

2 Die Frühlingszwiebeln putzen, waschen und in Ringe schneiden. Den Knoblauch schälen und fein hacken. Die Sojabohnensprossen in einem Sieb heiß abbrausen und abtropfen lassen. Die Garnelen kalt abbrausen und abtropfen lassen.

3 Den Wok erhitzen und 1 EL Öl hineingeben. Die Nudeln darin knusprig anbraten, herausnehmen und warm stellen. Das restliche Öl in den Wok geben und die Garnelen darin anbraten. Den Knoblauch dazugeben und mitbraten.

4 Nach etwa 8 Minuten die Garnelen herausnehmen und ebenfalls warm stellen. Nun die Frühlingszwiebeln anbraten, die Sprossen dazugeben und 2 Minuten mitbraten.

5 Die Speisestärke mit der Brühe verrühren, Sambal Oelek, Zucker, Zitronensaft und Tomatenmark einrühren. In den Wok gießen und aufkochen lassen, mit Salz abschmecken.

6 Die Nudeln auf Schälchen verteilen, Gemüse und Garnelen darauf anrichten und die Sauce darüber geben.

Tipp

Sojabohnensprossen sind die Keime der Sojabohne. Die Sprossen nicht roh verzehren, sie könnten Keime enthalten. Frische Sprossen sollten vor dem Verzehr mit heißem Wasser übergossen werden.

Garnelen

mit Nudeln und Lauch

Nicht nur für besondere Anlässe: Mit diesem schnellen Wok-Gericht können Sie auch Überraschungsgäste schwer beeindrucken

Zutaten

200 g Mie-Nudeln
3 EL Öl
250 g Garnelen (küchenfertig)
2 Stangen Lauch
3 Möhren
1 walnussgroßes Stück Ingwer
1/8 l Gemüsebrühe
1 EL Sesamöl
5 El Sojasauce
4 TL Sambal Oelek
Salz · Pfeffer aus der Mühle

Zubereitung

FÜR 4 PERSONEN

1 Reichlich Wasser in einem Topf aufkochen und die Mie-Nudeln hineingeben. Den Topf vom Herd nehmen und die Nudeln etwa 5 Minuten ziehen lassen. Umrühren, in ein Sieb abgießen und abtropfen lassen. Die Nudeln mit 1 EL Öl vermischen.

2 Die Garnelen kalt abbrausen und abtropfen lassen. Den Lauch putzen, waschen und in Streifen schneiden. Die Möhren schälen und ebenfalls in Streifen schneiden. Den Ingwer schälen und fein reiben.

3 Das restliche Öl im Wok erhitzen. Lauch und Ingwer darin etwa 2 Minuten unter Rühren braten und herausnehmen. Die Möhren in den Wok geben und kurz anbraten. Die Brühe dazugießen und alles zugedeckt etwa 5 Minuten garen. Die Möhren wieder herausnehmen.

4 Das Sesamöl im Wok erhitzen und die Garnelen darin etwa 2 Minuten braten. Gemüse und Nudeln unterrühren und erhitzen. Mit Sojasauce und Sambal Oelek würzen und mit Salz und Pfeffer abschmecken.

Tipp

Wenn Sie tiefgekühlte Garnelen verwenden, sollten Sie diese abgedeckt langsam bei Zimmertemperatur auftauen lassen. Garnelen nie in der Mikrowelle auftauen, sie werden sonst zäh.

Reisnudeln
mit Meeresfrüchten

Ein Fest für die Sinne: Bei dieser köstlichen Nudel-Fantasie spielen Garnelen, Tintenfisch und Muscheln die Hauptrolle

Zutaten

200 g dünne Reisnudeln
100 g rohe, ungeschälte Garnelen
100 g Tintenfischkörper
1 große Zwiebel
je 2 rote und grüne Chilischoten
3 Stiele Thai-Basilikum
3 Knoblauchzehen
3 EL Öl
100 g Muschelfleisch (z. B. von Venusmuscheln)
2 EL Austernsauce
2 EL Fischsauce

Zubereitung

FÜR 4 PERSONEN

1 Die Reisnudeln 10 Minuten in lauwarmem Wasser quellen lassen. In ein Sieb abgießen und mit der Schere in etwa 5 cm lange Stücke schneiden.

2 Die Garnelen waschen, aus der Schale lösen, am Rücken entlang einschneiden und den Darm entfernen. Die Garnelen waschen und trockentupfen. Den Tintenfisch gründlich waschen und in Streifen schneiden.

3 Die Zwiebel schälen, Chilischoten waschen und entkernen. Zwiebel und Chilischoten in feine Streifen schneiden. Basilikum waschen und trockentupfen. Die Blätter abzupfen und mit den Fingern grob zerkleinern. Den Knoblauch schälen und fein hacken.

4 Den Wok erhitzen und das Öl hineingeben. Den Knoblauch darin bei mittlerer Hitze andünsten. Die Meeresfrüchte dazugeben und umrühren, Austern- und Fischsauce unterrühren.

5 Die abgetropften Reisnudeln dazugeben und unter Rühren 3 Minuten mitbraten. Zum Schluss Basilikum, Chilischoten- und Zwiebelstreifen dazugeben. Alles gut vermischen und weitere 3 Minuten garen.

Tipp

Die Schärfe des Gerichts macht es zu einem idealen Essen für heiße Sommertage. Wer es milder liebt, kann die Chilischoten durch 1 Stängel fein gehacktes Zitronengras ersetzen.

Gedämpfter Dorsch
mit Chinakohl und Wirsing

Zutaten

2 Möhren · 1 Stange Lauch

je 150 g Chinakohl und Wirsing

4 EL Sojabohnensprossen

700 g Dorschfilet

2 EL Zitronensaft

Salz · Pfeffer aus der Mühle

1 EL Reismehl

3 Schalotten

2 Stängel Zitronengras

2 EL Öl · 200 ml Fischfond

1 Knoblauchzehe

1 gegarte Kartoffel

Zubereitung

FÜR 4 PERSONEN

1 Möhren schälen, Lauch, Chinakohl und Wirsing gründlich waschen, alles in feine Streifen schneiden. Sojabohnensprossen in einem Sieb heiß abbrausen und abtropfen lassen.

2 Das Fischfilet waschen, trockentupfen und in mundgerechte Stücke schneiden. Mit Zitronensaft beträufeln, salzen, pfeffern und im Reismehl wenden. Schalotten schälen und hacken. Den weißen Teil vom Zitronengras abschneiden und mit einem breiten Messer flach drücken.

3 Den Wok erhitzen und das Öl hineingeben. Den Fisch anbraten, herausnehmen und warm stellen. Möhren, Lauch, Chinakohl und Wirsing im Wok bissfest garen, herausnehmen. Schalotten im Öl glasig dünsten, Zitronengras dazugeben. Mit dem Fischfond ablöschen. Knoblauch schälen, hacken und dazugeben. 3 Minuten köcheln lassen. Das Zitronengras aus der Sauce nehmen.

4 Die Kartoffel durch die Kartoffelpresse drücken und mit einem Schneebesen unter die Sauce rühren, salzen und pfeffern. Den Fisch und das Gemüse dazugeben und kurz erhitzen.

Kalmare
mit Zuckerschoten

Zutaten

400 g Kalmare (kleine Tintenfischkörper) · Salz
200 g Zuckerschoten
400 g grüne Paprikaschoten
2 EL Sesamöl
3 gehackte Knoblauchzehen
2 TL frisch geriebener Ingwer
4 EL helle Sojasauce
6 EL Austernsauce
4 EL Reiswein
1/8 l Hühnerbrühe
1 1/2 EL Speisestärke

Zubereitung

FÜR 4 PERSONEN

1 Die Kalmare waschen, trockentupfen und längs in dünne Streifen schneiden. In kochendem Salzwasser kurz blanchieren, in ein Sieb abgießen und abtropfen lassen.

2 Die Zuckerschoten putzen und waschen. Die Paprikaschoten putzen, waschen und in schmale Streifen schneiden.

3 Den Wok erhitzen und das Sesamöl hineingeben. Knoblauch und Ingwer darin kurz anbraten. Zuckerschoten und Paprikastreifen dazugeben und alles weitere 1 bis 2 Minuten braten. Soja- und Austernsauce, den Reiswein und die Brühe dazugießen und 1 Minute leicht kochen lassen. Die Stärke mit etwas kaltem Wasser glatt rühren, zum Gemüse geben und aufkochen lassen.

4 Die Tintenfischstreifen zum Gemüse geben und gut vermischen. Aufkochen lassen und nochmals abschmecken. Dazu passt Basmatireis.

Tintenfisch im Gemüsebett

Macht schwer was her: Wenn Sie Ihren Gästen diesen raffinierten Klassiker servieren, werden Sie garantiert Komplimente ernten

Zutaten

500 g Tintenfischkörper

150 g Zuckerschoten

je 1 gelbe und rote Paprikaschote

200 g Salatgurke

3 Knoblauchzehen

2 rote Chilischoten

1 Bund Thai-Basilikum

100 g Sojabohnensprossen

5 EL Erdnussöl

3 EL Limettensaft

4 EL helle Sojasauce

Zubereitung

FÜR 4 PERSONEN

1 Tintenfisch waschen und trockentupfen. Die Körper zuerst aufschneiden, auf der Innenseite mit einem Messer rautenförmig einritzen und dann in Stücke schneiden.

2 Zuckerschoten putzen und waschen. Paprika putzen, waschen und in dünne Streifen schneiden. Gurke waschen, längs halbieren, entkernen und ebenfalls in dünne Streifen schneiden. Den Knoblauch schälen, die Chilischoten längs halbieren, entkernen und waschen. Beides fein hacken.

3 Das Basilikum waschen, trockenschütteln und die Blätter abzupfen. Die Sojabohnensprossen in einem Sieb heiß abbrausen und abtropfen lassen.

4 Den Wok erhitzen und 2 EL Erdnussöl hineingeben, die Tintenfischstücke darin anbraten. Chili und Knoblauch dazugeben und 5 Minuten weiterbraten. Limettensaft und Sojasauce dazugießen und untermischen. Die Tintenfischstücke herausnehmen und warm stellen.

5 Das restliche Öl im Wok erhitzen, Zuckerschoten und Paprikastreifen darin andünsten. Die Gurkenstreifen und die Sojabohnensprossen dazugeben und kurz mitdünsten. Die Tintenfischstücke mit dem Sud dazugeben und die Basilikumblätter untermischen.

Tipp

Besonders gut wird dieses Gericht, wenn Sie es mit frischen Tintenfischkörpern zubereiten. Ersatzweise können Sie aber auch die entsprechende Menge tiefgekühlte Tintenfischringe verwenden.

Exotische Fischpfanne
mit Äpfeln und Reis

Eine Reiskreation mit fernöstlichem Touch: Garnelen und Fisch laden Äpfel, Rosinen und Sprossen zum kulinarischen Stelldichein

Zutaten

1 große Zwiebel
400 g Fenchel
1 rote Paprikaschote
150 g Sojabohnensprossen
3 EL Sesamöl
150 g Reis
2 EL Sojasauce
500 g Rotbarschfilet
1 EL Zitronensaft
250 g Äpfel
100 g Garnelen (küchenfertig)
50 g Rosinen
1 TL getrockneter Dill

Zubereitung

FÜR 4 PERSONEN

1 Die Zwiebel schälen und hacken. Die Fenchelknolle und die Paprikaschote putzen, waschen und in dünne Streifen schneiden. Die Sojabohnensprossen in einem Sieb heiß abbrausen und abtropfen lassen.

2 Den Wok erhitzen und das Öl hineingeben. Die Zwiebel darin glasig dünsten, den Reis hinzufügen und kurz anbraten. Die Fenchel- und Paprikastreifen dazugeben und unter Rühren etwa 10 Minuten mitbraten. Mit 1/4 l Wasser und der Sojasauce aufgießen und 25 Minuten köcheln lassen.

3 Das Fischfilet waschen, trockentupfen und in Stücke schneiden. Mit dem Zitronensaft beträufeln und 10 Minuten ziehen lassen. Inzwischen die Äpfel schälen, vierteln, vom Kerngehäuse befreien und in dünne Scheiben schneiden.

4 Die Apfelscheiben und die Fischstücke in den Wok geben, 10 Minuten ziehen lassen. Die Garnelen in einem Sieb kalt abbrausen, abtropfen lassen und zum Fischreis geben.

5 Die Rosinen, die Sojabohnensprossen und den Dill dazugeben und vorsichtig untermischen. Alles noch etwa 2 Minuten durchziehen lassen und nach Belieben mit frischen Dillspitzen garniert servieren.

Tipp

Das beste Aroma für die Reispfanne haben leicht säuerliche Äpfel, die beim Kochen nicht allzu schnell weich werden. Gut geeignet sind z. B. Idared, Cox Orange, Boskop oder auch Jonagold.

Fischcurry

mit Gewürzreis

Zutaten

200 g Basmatireis

3 Nelken · 1 Zimtstange

1 TL Kardamomkapseln

600 g Kabeljaufilet

2 Schalotten · 2 Knoblauchzehen

1 walnussgroßes Stück Ingwer

2 Stiele Koriander

2 EL Sesamöl · 4 EL Sojasauce

6 EL ungesüßte Kokosmilch

2 TL Currypulver · 1 TL Chilipulver

1 Döschen Safranfäden

1 EL gemahlene Mandeln

1 EL Zitronensaft

Salz · Pfeffer aus der Mühle

Zubereitung

FÜR 4 PERSONEN

1 Den Reis in einem Sieb unter fließendem Wasser waschen, mit der doppelten Menge Wasser und mit Nelken, Zimtstange und Kardamomkapseln aufkochen. Etwa 20 Minuten quellen lassen. Die Gewürze wieder entfernen.

2 Das Fischfilet waschen, trockentupfen und in mundgerechte Stücke schneiden. Schalotten und Knoblauch schälen und fein hacken. Den Ingwer schälen und fein reiben. Den Koriander waschen und trockentupfen, die Blätter von den Stielen zupfen und grob hacken.

3 Den Wok erhitzen und das Öl hineingeben. Die Schalotten darin anbraten. Den Knoblauch und den Ingwer dazugeben und kurz mitbraten.

4 Mit der Sojasauce und der Kokosmilch ablöschen. Curry- und Chilipulver, Safran, Mandeln und Zitronensaft unterrühren und alles mit Salz und Pfeffer abschmecken.

5 Die Fischfiletstücke in die Sauce geben und bei mittlerer Hitze unter Rühren etwa 4 Minuten köcheln lassen. Zum Schluss den gehackten Koriander unterrühren und das Fischcurry mit dem Gewürzreis servieren.

Fisch in Reispapier
mit Sesamsamen

Zutaten

16 Reispapierblätter
600 g Fischfilet (z. B. Kabeljau, Schellfisch, Barsch)
Salz · Pfeffer aus der Mühle
Saft von 1 Zitrone
150 ml Öl
2 EL geröstete Sesamsamen
1 Knoblauchzehe
2 rote Chilischoten
1 EL Zucker
100 ml Reisessig
je 2 EL gehackte Minze- und Korianderblätter

Zubereitung

FÜR 4 PERSONEN

1 Die Reispapierblätter zwischen feuchten Küchentüchern einweichen. Den Fisch waschen und trockentupfen. In 16 Stücke teilen, salzen und pfeffern, mit Zitronensaft beträufeln.

2 Je 1 Fischstück auf 1 Blatt Reispapier legen. Die schmalen Seiten zusammenschlagen und die Reispapierblätter von der Längsseite her aufrollen.

3 Den Wok erhitzen, das Öl hineingeben und die Röllchen darin portionsweise goldgelb ausbacken. Herausnehmen, auf Küchenpapier abtropfen lassen und mit Sesamsamen bestreuen.

4 Für die Sauce den Knoblauch schälen und fein hacken. Die Chilischoten längs halbieren, entkernen, waschen und fein hacken. Mit Zucker, Reisessig, Minze und Koriander vermischen. Die Sauce mit Salz und Pfeffer abschmecken. Zu den Fischpäckchen servieren.

Fischhäppchen
mit Gemüsereis

Auf Knusper-Kurs: Fischhäppchen, die in goldgelbem Gewand aus heißem Fett kommen, sind Biss für Biss ein Hochgenuss

Zutaten

250 g Basmatireis · Salz
1 Bund Koriander
je 100 g Brokkoli und Möhren
50 g Sojabohnensprossen
500 g Fischfilet (z. B. Rotbarsch)
6 EL Zitronensaft
Pfeffer aus der Mühle
Mehl zum Wenden
2 Eier
1 EL Sesamöl
1 TL frisch geriebener Ingwer
Öl zum Frittieren

Zubereitung

FÜR 4 PERSONEN

1 Den Reis in ein Sieb geben und kalt abbrausen, mit der doppelten Menge Wasser zum Kochen bringen, salzen und zugedeckt bei schwacher Hitze quellen lassen. Den Koriander waschen, trockenschütteln, grob hacken und unter den gegarten Reis mischen.

2 Den Brokkoli waschen und die Möhren schälen. Den Brokkoli in kleine Röschen teilen. Die Möhren der Länge nach vierteln und in kleine Stücke schneiden. Die Sojabohnensprossen in einem Sieb heiß abbrausen und abtropfen lassen.

3 Das Fischfilet waschen und trockentupfen. In mundgerechte Streifen schneiden und mit dem Zitronensaft beträufeln. Etwa 5 Minuten ziehen lassen, dann salzen und pfeffern. Mehl auf einen flachen Teller geben, die Eier in einem tiefen Teller mit 1 TL Wasser verquirlen.

4 Den Wok erhitzen und das Öl hineingeben. Das Gemüse darin unter Rühren etwa 5 Minuten garen. Sprossen und Ingwer untermischen, salzen und pfeffern. Die Gemüsemischung unter den gegarten Reis heben.

5 Den Wok säubern, reichlich Öl hineingeben und erhitzen. Die Fischfiletstreifen in Mehl wenden, durch das Ei ziehen und im heißen Fett goldgelb ausbacken. Auf dem Gemüsereis anrichten.

Tipp

Dazu passt hervorragend ein scharfer Aprikosen-Dip: 3 EL Sojasauce mit 1 TL Sambal Oelek, 1 EL Zitronensaft und 4 EL Aprikosenmarmelade verrühren und mit 1 Msp. Ingwerpulver abschmecken.

Seeteufelmedaillons
mit Reisnudeln und Pilzen

Das macht Lust auf Meer: Mit edlem Seeteufelfilet kombiniert, können sich Reisnudeln auch in Gourmetkreisen sehen lassen

Zutaten

2 Knoblauchzehen
1 walnussgroßes Stück Ingwer
1 rote Chilischote
150 g Shiitake-Pilze
1 Bund Frühlingszwiebeln
250 g Reisnudeln · Salz
2 EL Mandelstifte
500 g Seeteufelfilet · 3 EL Öl
2 EL Sesamöl
2 EL Sojasauce
2 cl Sherry (trocken)
2 EL Korianderblätter

Zubereitung

FÜR 4 PERSONEN

1 Knoblauch und Ingwer schälen und fein hacken. Die Chilischote längs halbieren, entkernen, waschen und in Streifen schneiden. Die Shiitake-Pilze putzen, trocken abreiben und in Scheiben schneiden. Die Frühlingszwiebeln putzen, waschen und schräg in etwa 2 cm lange Stücke schneiden.

2 Die Reisnudeln nach Packungsanweisung in reichlich kochendem Salzwasser bissfest garen. In ein Sieb abgießen, kalt abschrecken und abtropfen lassen.

3 Die Mandelstifte im Wok ohne Fett goldgelb rösten und herausnehmen. Den Fisch waschen, trockentupfen und in 8 Medaillons schneiden. Den Wok erhitzen und 2 EL Öl hineingeben. Die Medaillons darin auf jeder Seite etwa 1 Minute anbraten und ebenfalls herausnehmen. Das restliche Öl erhitzen, Knoblauch, Ingwer, Chili, Pilze und Frühlingszwiebeln darin 2 Minuten anbraten, dabei ständig rühren.

4 Die Nudeln, die Mandelstifte, das Sesamöl, die Sojasauce, den Sherry und die Fischmedaillons hinzufügen und kurz kochen lassen. Abschmecken und mit Korianderblättern bestreut servieren.

Tipp

Wenn Sie kein Seeteufelfilet bekommen, können Sie auch anderes Filet verwenden; es sollte jedoch fest sein, damit es beim Braten nicht zerfällt. Edel ist auch Zanderfilet, preisgünstiger ist Rotbarsch.

Süß-saurer Fischtopf

mit Ingwer und Bambus

Zutaten

600 g gemischtes Fischfilet
(z. B. Kabeljau, Rotbarsch)
1 walnussgroßes Stück Ingwer
2 Knoblauchzehen
2 Frühlingszwiebeln
150 g Bambussprossen
(aus der Dose)
150 g Champignons
3 EL Öl · 4 EL Mangochutney
5 EL Reisessig · 4 TL Sherry
4 EL Sojasauce · 2 EL Zucker
100 ml Gemüsebrühe
1 gestr. TL Speisestärke
Salz · Pfeffer aus der Mühle

Zubereitung

FÜR 4 PERSONEN

1 Das Fischfilet waschen, trockentupfen und in mundgerechte Stücke schneiden. Den Ingwer und den Knoblauch schälen und fein hacken. Die Frühlingszwiebeln putzen, waschen und in sehr feine Streifen schneiden. Die Bambussprossen in ein Sieb abgießen und abtropfen lassen. Die Champignons putzen, trocken abreiben und in feine Scheiben schneiden.

2 Den Wok erhitzen, das Öl hineingeben und die Fischstücke darin anbraten. Herausnehmen und warm stellen.

3 Ingwer und Knoblauch in den Wok geben und kurz anbraten. Champignons, Frühlingszwiebeln und Bambussprossen dazugeben und bei mittlerer Hitze etwa 3 Minuten unter Rühren dünsten. Mangochutney, Essig, Sherry, Sojasauce, Zucker und Brühe unterrühren.

4 Die Fischstücke vorsichtig untermischen. Die Stärke in einer kleinen Tasse mit 2 EL Wasser anrühren und über den Fisch gießen, gleichmäßig und schnell untermischen. Den Fischtopf noch 2 Minuten köcheln lassen, mit Salz und Pfeffer abschmecken und servieren.

Seebarsch

in roter Sauce

Zutaten

100 g Palmenherzen
(aus der Dose)
1 gelbe Paprikaschote
3 Frühlingszwiebeln
1 walnussgroßes Stück Ingwer
3 Knoblauchzehen
400 g Seebarschfilet
2 1/2 TL Speisestärke
Salz · 3 EL Reiswein
6 EL passierte Tomaten
(aus der Dose)
1 EL brauner Zucker
2 EL Reisessig · 1 EL Sojasauce
4 EL Erdnussöl

Zubereitung

FÜR 4 PERSONEN

1 Die Palmenherzen auf einem Sieb abtropfen lassen und in Scheiben schneiden. Die Paprikaschote putzen, waschen und in feine Streifen schneiden. Frühlingszwiebeln ebenfalls putzen und waschen, dann in Ringe schneiden. Ingwer und Knoblauch schälen und fein hacken. Das Fischfilet in Streifen schneiden.

2 2 TL Speisestärke mit 1 EL Wasser, Salz und 1 EL Reiswein verrühren. Die Fischstücke 10 Minuten darin marinieren.

3 Die Tomaten, Zucker, Essig und 2 EL Reiswein mit 4 EL Wasser verrühren, 1/2 TL Speisestärke und Sojasauce unterrühren.

4 Den Wok erhitzen und das Öl hineingeben. Den Fisch aus der Marinade nehmen, abtropfen lassen und im Öl goldgelb braten. Herausnehmen und warm stellen. Paprika, Frühlingszwiebeln, Ingwer und Knoblauch 4 Minuten dünsten. Palmenherzen und Sauce hinzufügen und 2 Minuten köcheln lassen. Den Fisch untermischen.

Geflügel & Fleisch

Hähnchenbrustfilet
süß-sauer

Das gewisse Extra: Der Mix aus Hähnchen, aromatischer Ananas und würzig-scharfem Ingwer verleiht Feinschmeckern Flügel

Zutaten

1 walnussgroßes Stück Ingwer
2 Knoblauchzehen
6 EL helle Sojasauce
4 EL Reisessig
1 TL Fünf-Gewürze-Pulver
500 g Hähnchenbrustfilet
1/4 Ananas
1 Bund Frühlingszwiebeln
4 Möhren · 2 EL Öl
400 ml Hühnerbrühe
3 EL Tomatenmark
2 TL Speisestärke · Salz
Pfeffer aus der Mühle
Zucker

Zubereitung

FÜR 4 PERSONEN

1 Ingwer und Knoblauch schälen und fein hacken. Mit der Sojasauce, dem Reisessig und dem Fünf-Gewürze-Pulver zu einer Marinade verrühren. Hähnchenfleisch waschen und trockentupfen, in mundgerechte Stücke schneiden und in der Marinade zugedeckt etwa 30 Minuten ziehen lassen.

2 Die Ananas schälen, den harten Strunk entfernen und das Fruchtfleisch in kleine Stücke schneiden. Die Frühlingszwiebeln putzen, waschen und schräg in feine Ringe schneiden. Die Möhren schälen und in feine Stifte schneiden.

3 Den Wok erhitzen und das Öl hineingeben. Das Hähnchenfleisch aus der Marinade nehmen und im heißen Öl rundum scharf anbraten. Die Frühlingszwiebeln und Möhrenstifte dazugeben und mitbraten.

4 Die Marinade mit der Brühe, dem Tomatenmark und der Stärke verquirlen, zum Hähnchenfleisch geben und aufkochen lassen. Die Ananasstücke untermischen, mit Salz, Pfeffer und Zucker würzen und einige Minuten leicht kochen lassen. Dazu passt Basmatireis.

Tipp

Nicht nur für Gäste: Nehmen Sie statt Hähnchenbrust aromatisches Entenbrustfilet ohne Haut. Dafür das Filet in schmale Streifen schneiden und kurz scharf anbraten, sodass es innen noch rosa ist.

Hähnchenragout
mit Frühlingszwiebeln

Da lacht das Genießerherz: Würzige Saucen und ein Hauch von Ingwer machen Appetit auf Hähnchenfleisch und knackiges Gemüse

Zutaten

250 g Basmatireis · Salz
6 Frühlingszwiebeln
6 kleine Möhren
500 g Hähnchenbrustfilet
Pfeffer aus der Mühle
4 TL Speisestärke
200 g Sojabohnensprossen
4 EL Öl
1 TL Ingwerpulver
4 EL Reiswein
4 EL Sojasauce

Zubereitung

FÜR 4 PERSONEN

1 Den Reis unter fließendem Wasser in einem Sieb gründlich waschen und mit der doppelten Menge Wasser aufkochen. Etwas salzen und bei kleiner Hitze zugedeckt quellen lassen.

2 Die Frühlingszwiebeln putzen, waschen und in feine Ringe schneiden. Die Möhren schälen, der Länge nach halbieren und in größere Stücke schneiden.

3 Das Hähnchenfleisch waschen, trockentupfen und quer in dünne Scheiben schneiden. Salzen, pfeffern und mit Speisestärke bestäuben. Die Sojabohnensprossen in einem Sieb heiß abbrausen und abtropfen lassen.

4 Den Wok erhitzen und das Öl hineingeben. Das Fleisch darin unter Rühren anbraten, herausnehmen und warm stellen. Frühlingszwiebeln, Möhren und Sojabohnensprossen in den Wok geben und 5 Minuten dünsten, dabei gelegentlich umrühren. Mit Ingwer, Reiswein und Sojasauce würzen. Aufkochen lassen, mit Salz und etwas Pfeffer abschmecken.

5 Das Gemüse auf Tellern anrichten, das Fleisch darüber verteilen und mit dem Basmatireis servieren.

Tipp

Ingwer besitzt ein typisches, leicht scharfes Aroma. Seine ätherischen Öle regen die Verdauung an und stärken das Immunsystem. Frischer Ingwer schmeckt und wirkt intensiver als das Pulver.

Hähnchenfleisch mit Morcheln

Zutaten

12 getrocknete Morcheln

1 Knoblauchzehe

1 grüne Chilischote

600 g Hähnchenbrustfilet

1 EL Speisestärke

4 EL Sojasauce · 8 EL Reiswein

1 EL frisch geriebener Ingwer

125 g Lauch

400 g Möhren

300 g Blumenkohl

200 g Sojabohnensprossen

6 EL Sojaöl

Salz · Pfeffer aus der Mühle

1 EL gehackte Korianderblätter

Zubereitung

FÜR 4 PERSONEN

1 Die Morcheln in warmem Wasser 30 Minuten einweichen. Den Knoblauch schälen, die Chilischote längs halbieren, entkernen und waschen. Beides fein hacken.

2 Die Hähnchenbrustfilets waschen, trockentupfen und in Streifen schneiden. Speisestärke, Sojasauce und Reiswein verquirlen, Ingwer, Chili und Knoblauch dazugeben und das Fleisch darin 30 Minuten marinieren. Das Gemüse putzen und waschen. Den Lauch in Ringe, die Möhren in Scheiben schneiden, den Blumenkohl in kleine Röschen teilen. Die Sojabohnensprossen in einem Sieb heiß abbrausen und abtropfen lassen.

3 Den Wok erhitzen und 1 EL Öl hineingeben. Das Hähnchenfleisch aus der Marinade nehmen und abtropfen lassen. Portionsweise im Wok kräftig anbraten und herausnehmen.

4 Das restliche Öl im Wok erhitzen, Lauch, Möhren und Blumenkohl darin nach und nach bissfest garen. Morcheln, Sprossen und Fleisch dazugeben. Die Marinade, Salz und Pfeffer dazugeben, kurz köcheln lassen und die Korianderblätter untermischen.

Gemüsehähnchen

mit Glasnudeln

Zutaten

4 Hähnchenbrustfilets (à 150 g)
2 EL Sojasauce
je 1 rote, gelbe und grüne
Paprikaschote
100 g Shiitake-Pilze
100 g Zuckerschoten
200 g Chinakohl
150 g Sojabohnensprossen
5 EL Sesamöl · Salz
1 EL Speisestärke
1/2 EL rote Currypaste
1 EL frisch geriebener Ingwer
1 EL gehackte Korianderblätter
150 g gegarte Glasnudeln
80 ml Hühnerbrühe

Zubereitung

FÜR 4 PERSONEN

1 Hähnchenbrustfilets waschen, trockentupfen und in schmale Streifen schneiden. Mit der Sojasauce mischen und 30 Minuten marinieren lassen. Den Backofen auf 220 °C vorheizen.

2 Die Paprikaschoten längs halbieren, Kerne und Trennwände entfernen. Die Hälften waschen und mit der Hautseite nach oben im Ofen so lange rösten, bis die Haut bräunt und Blasen wirft. Unter einem Küchentuch abkühlen lassen, die Haut abziehen und die Schoten in schmale Streifen schneiden.

3 Die Shiitake-Pilze putzen, trocken abreiben und in Scheiben schneiden. Zuckerschoten und Chinakohl putzen und waschen, den Chinakohl in Streifen schneiden. Sprossen in einem Sieb heiß abbrausen und abtropfen lassen.

4 Im Wok 3 EL Öl erhitzen und das Gemüse darin scharf anbraten. Salzen, herausnehmen und warm stellen. Die Hähnchenbruststreifen mit Speisestärke bestäuben und im restlichen Öl scharf anbraten. Currypaste, Ingwer und Koriander untermischen. Glasnudeln und Gemüse dazugeben, die Brühe dazugießen. Alles noch 2 Minuten köcheln lassen.

Backhähnchen
mit Sesam und Gemüse

Herrlich knusprig: Die würzigen Hähnchenstücke hüllen sich in einen dünnen Mantel aus krossem Backteig mit Sesamsamen

Zutaten

1 Eiweiß · 150 g Mehl
3 EL Speisestärke
2 TL Backpulver
Salz · Pfeffer aus der Mühle
8 EL Öl
1 EL frisch geriebener Ingwer
7 EL Sojasauce
5 EL Reiswein
500 g Hähnchenbrustfilet
300 g Möhren
2 Bund Frühlingszwiebeln
250 g Sojabohnensprossen
Öl zum Frittieren
2 EL weiße Sesamsamen

Zubereitung

FÜR 4 PERSONEN

1 Für den Ausbackteig das Eiweiß steif schlagen. Mehl, Stärke, Backpulver, Salz und Pfeffer mischen und abwechselnd mit 200 ml Wasser unter den Eischnee heben. Zum Schluss 6 EL Öl hinzufügen. Den Teig 30 Minuten ruhen lassen.

2 Den Ingwer mit je 2 EL Sojasauce und Reiswein vermischen. Das Hähnchenbrustfilet waschen, trockentupfen und in Stücke schneiden. Das Fleisch mit der Marinade beträufeln, abdecken und beiseite stellen.

3 Die Möhren schälen und in Streifen schneiden. Die Frühlingszwiebeln putzen, waschen und schräg in Scheiben schneiden. Die Sojabohnensprossen in einem Sieb heiß abbrausen und abtropfen lassen.

4 Den Wok erhitzen und 2 EL Öl hineingeben. Die Möhren und Frühlingszwiebeln darin anbraten. Restliche Sojasauce, restlichen Reiswein und 3 EL Wasser dazugeben und 5 Minuten köcheln lassen. Die Sprossen unterheben, kurz erhitzen und abschmecken. Das Gemüse warm stellen.

5 Den Wok säubern und das Öl darin erhitzen. Sesamsamen unter den Ausbackteig heben. Das Hähnchenfleisch portionsweise durch den Teig ziehen und im heißen Fett jeweils etwa 3 Minuten ausbacken. Auf Küchenpapier abtropfen lassen und mit dem Gemüse anrichten.

Tipp

Dieser Ausbackteig eignet sich auch für andere helle Fleischsorten wie Pute oder Kalb. Ebenso können Sie Fischstücke oder blanchiertes Gemüse auf diese Art köstlich umhüllt ausbacken.

Hähnchenragout
auf indische Art

Zutaten

4 kleine Hähnchenbrustfilets

abgeriebene Schale von

1/2 unbehandelten Zitrone

1 EL Zitronensaft

1 TL Sambal Oelek · 1 TL Zucker

Salz · Pfeffer aus der Mühle

1/2 TL Korianderpulver

3 Frühlingszwiebeln

300 g grüne Bohnen

2 Knoblauchzehen

4 EL Sesamöl

1 TL frisch geriebener Ingwer

1 TL Kurkumapulver

1 EL Currypulver

375 ml ungesüßte Kokosmilch

Zubereitung

FÜR 4 PERSONEN

1 Die Hähnchenbrustfilets waschen, trockentupfen und in schmale Streifen schneiden. Zitronenschale und -saft, Sambal Oelek, Zucker, Salz, Pfeffer und Koriander verrühren. Das Fleisch darin etwa 20 Minuten marinieren.

2 Frühlingszwiebeln putzen und waschen, das Weiße längs vierteln und alles in 3 cm lange Stücke schneiden. Bohnen putzen, waschen, halbieren und in Salzwasser 10 Minuten garen. In ein Sieb abgießen, kalt abschrecken und abtropfen lassen.

3 Das Fleisch aus der Marinade nehmen. Den Knoblauch schälen und fein hacken. Den Wok erhitzen, das Öl hineingeben und das Fleisch darin anbraten. Zwiebeln und Knoblauch dazugeben und kurz mitbraten. Ingwer, Kurkuma, Currypulver, die restliche Marinade und die Kokosmilch dazugeben und alles 5 Minuten köcheln lassen.

4 Die Bohnen in den Wok geben und das Ragout nochmals abschmecken. Nach Belieben mit Korianderblättern garniert servieren.

Putenragout
mit Kokosmilch

Zutaten

600 g Putenbrustfilet
1 rote Paprikaschote
250 g Frühlingszwiebeln
1 großes Bund Basilikum
400 ml ungesüßte Kokosmilch
1 EL gelbe Currypaste
2 EL Sojasauce
1 EL Zucker

Zubereitung

FÜR 4 PERSONEN

1 Das Putenbrustfilet waschen und trockentupfen. Mit einem scharfen Küchenmesser zuerst in dünne Scheiben und dann in feine Streifen schneiden.

2 Die Paprikaschote putzen, waschen und in feine Streifen schneiden. Die Frühlingszwiebeln putzen, waschen und in etwa 1 cm breite Ringe schneiden. Basilikum waschen und trockenschütteln, die Blätter von den Stielen zupfen. Die Hälfte der Blätter fein hacken, die andere zum Garnieren beiseite legen.

3 Den Wok erhitzen und die Kokosmilch darin aufkochen. Die Currypaste unterrühren und alles 1 Minute köcheln lassen. Die Putenbruststreifen dazugeben und weitere 4 Minuten köcheln lassen, dabei ab und zu umrühren.

4 Das vorbereitete Gemüse dazugeben und alles weitere 3 Minuten köcheln lassen. Gehacktes Basilikum, Sojasauce und Zucker unterrühren, abschmecken. Das Putenragout mit den restlichen Basilikumblättern anrichten.

Entenbrust
mit Koriandernudeln

Kulinarischer Höhenflug: Zartes Entenfleisch, Honig und Koriander bereiten Geflügel-Fans ganz besondere Tafelfreuden

Zutaten

250 g chinesische Eiernudeln

Salz

600 g Entenbrustfilet

1 EL flüssiger Honig

4 EL Sojasauce

1/2 TL Sambal Oelek

1 rote Paprikaschote

1 Bund Frühlingszwiebeln

3 EL Öl

2 EL Zitronensaft

1/4 l Hühnerbrühe

2 EL Korianderblätter

Zubereitung

FÜR 4 PERSONEN

1 Die Eiernudeln nach Packungsanweisung in reichlich kochendem Salzwasser bissfest garen. In ein Sieb abgießen, kalt abschrecken und gut abtropfen lassen.

2 Entenbrustfilet in dünne Scheiben schneiden. Den Honig mit der Sojasauce und Sambal Oelek vermischen. Das Fleisch in der Marinade 30 Minuten ziehen lassen.

3 Die Paprikaschote putzen, waschen und in feine Streifen schneiden. Die Frühlingszwiebeln putzen und waschen. Das Grün in Ringe, das Weiße in feine Streifen schneiden.

4 Das Fleisch aus der Marinade nehmen und abtropfen lassen, dabei die Marinade auffangen. Den Wok erhitzen und 1 EL Öl hineingeben. Die Entenbrust darin kräftig anbraten und herausnehmen. Paprika und Frühlingszwiebeln im restlichen Öl bissfest braten. Mit Salz und Zitronensaft würzen, Brühe und Marinade dazugießen. Entenbrust und Nudeln dazugeben, aufkochen lassen und mit Koriander bestreut servieren.

Tipp

Statt Entenbrustfilet können Sie auch zartes Puten- oder Hähnchenbrustfilet verwenden. Verfeinern Sie die Marinade für das Fleisch dann zusätzlich mit 2 EL Limettensaft und 1 TL Honig.

Reispfanne
mit Entenbrust

Zutaten

2 Entenbrustfilets (à 200 g)

Salz · Pfeffer aus der Mühle

2 EL Öl

1 Stange Lauch · 2 Möhren

1/2 Ananas

1 rote Chilischote

1 EL frisch geriebener Ingwer

400 g gekochter Langkornreis

2 EL Sojasauce

2 cl Sherry (trocken)

5 EL Hühnerbrühe

Zubereitung

FÜR 4 PERSONEN

1 Den Backofen auf 180 °C vorheizen. Entenbrustfilets salzen und pfeffern. Den Wok erhitzen, das Öl hineingeben und die Filets darin auf der Hautseite 3 bis 4 Minuten scharf anbraten, wenden und weitere 4 bis 5 Minuten braten. Entenbrust aus dem Wok nehmen und mit der Hautseite nach oben im Backofen etwa 10 Minuten fertig garen.

2 Den Lauch putzen, waschen und in feine Ringe schneiden. Die Möhren und die Ananas schälen. Die Möhren in feine Streifen, die Ananas in kleine Stücke schneiden. Die Chilischote längs halbieren, entkernen, waschen und in Streifen schneiden.

3 Den Lauch, die Möhren und die Ananas im Bratfett andünsten. Chili, Ingwer und den Reis untermischen. Mit Sojasauce, Sherry und Brühe abschmecken. Die rosa gebratenen Entenbrustfilets in dünne Scheiben schneiden und unter den Reis mischen.

Entenbruststreifen
auf grünen Nudeln

Zutaten

250 g grüne japanische Nudeln
1 EL flüssiger Honig
4 EL Sojasauce
½ TL Sambal Oelek
2 Entenbrustfilets (ca. 600 g)
3 EL Öl · Salz
2 EL Zitronensaft
4 EL Hühnerbrühe
1 Frühlingszwiebel

Zubereitung

FÜR 4 PERSONEN

1 Die Nudeln nach Packungsanweisung garen, in ein Sieb abgießen, kalt abschrecken und abtropfen lassen.

2 Honig, Sojasauce und Sambal Oelek in einer Schüssel zu einer Marinade verrühren. Die Entenbrustfilets in Streifen schneiden, in die Schüssel mit der Marinade geben und zugedeckt 30 Minuten ziehen lassen. Anschließend das Fleisch aus der Marinade nehmen und abtropfen lassen. Die Marinade zur Seite stellen.

3 Den Wok erhitzen, das Öl hineingeben und die Entenbrust darin kurz anbraten. Mit Salz und Zitronensaft würzen, herausnehmen und warm halten. Die Brühe und die restliche Marinade angießen, die Nudeln dazugeben und erhitzen.

4 Die Frühlingszwiebel putzen, waschen und in Ringe schneiden. Die Nudeln zu Nestern formen und die Entenbrust darauf anrichten. Mit Frühlingszwiebelringen bestreuen und nach Belieben mit frischen Kräutern garnieren.

Schweinefleisch
süß-sauer

Nicht nur in China heiß geliebt: Die Fülle typischer Zutaten macht diese klassische Spezialität einfach unwiderstehlich

Zutaten

750 g Schweinefilet
50 g Ingwer
4 Knoblauchzehen
3 rote Chilischoten
250 g Tomaten
500 g Ananas
2 EL Sesamöl
2 EL Sonnenblumenöl
4 EL Reisessig
4 EL helle Sojasauce
4 TL Sherry
2 EL Zucker
1/4 l Hühnerbrühe
2 gestr. TL Speisestärke

Zubereitung

FÜR 4 PERSONEN

1. Das Schweinefleisch mit einem scharfen Küchenmesser quer zur Faser zuerst in Scheiben und dann in Streifen schneiden. Den Ingwer schälen und in sehr feine Scheiben schneiden. Den Knoblauch schälen und fein hacken. Die Chilischoten längs halbieren, entkernen, waschen und in sehr feine Streifen schneiden.
2. Die Tomaten überbrühen, häuten, halbieren, entkernen und in Würfel schneiden. Die Ananas schälen, den Strunk entfernen und das Fruchtfleisch in Stücke schneiden.
3. Den Wok erhitzen, Sesam- und Sonnenblumenöl hineingeben und das Fleisch darin anbraten. Ingwer, Knoblauch und Chili dazugeben und kurz mitbraten. Tomaten und Ananas hinzufügen und kurz mitbraten. Essig, Sojasauce, Sherry und Zucker dazugeben. Mit drei Viertel der Brühe aufgießen und gut vermischen.
4. Die Stärke mit der restlichen Brühe anrühren und gleichmäßig über das Fleisch gießen. Gut untermischen und alles etwa 3 Minuten köcheln lassen.

Tipp

Dieses Gericht gehört zu den großen Klassikern der chinesischen Küche. Statt mit Schweinefleisch schmeckt dieses Gericht auch mit Hähnchenbrustfilet oder Putenfleisch.

Stir-Fry
mit Schweinefilet

Kleiner Aufwand, große Wirkung: Das Stir-Fry ist im Nu gemacht und schmeckt so gut, dass man nicht genug davon bekommen kann

Zutaten

400 g Schweinefilet

3 EL Austernsauce

1/2 TL gemahlener Pfeffer

175 g Bambussprossen (aus der Dose)

100 g Blattspinat

5 EL Sesamöl

1 EL gelbe Currypaste

2 TL Zucker

2 EL Limettensaft

1 unbehandelte Limette

Zubereitung

FÜR 4 PERSONEN

1 Das Fleisch in mundgerechte Stücke schneiden, mit der Austernsauce und dem Pfeffer mischen und etwa 15 Minuten ziehen lassen.

2 Die Bambussprossen abgießen, abtropfen lassen und in feine Streifen schneiden. Den Spinat verlesen, waschen und abtropfen lassen, die harten Stiele entfernen.

3 Den Wok erhitzen, das Öl hineingeben und das Fleisch darin bei starker Hitze unter ständigem Rühren etwa 2 Minuten anbraten. Die Currypaste dazugeben und gut vermischen, dann die Bambusstreifen und den Spinat dazugeben. Mit Zucker und Limettensaft abschmecken und alles bei starker Hitze unter ständigem Rühren weitere 2 Minuten dünsten.

4 Die Limette abwaschen, trockenreiben und in Spalten schneiden. Das Stir-Fry auf Schälchen verteilen und mit den Limettenspalten garniert servieren. Dazu passt Basmatireis.

Tipp

Natürlich können Sie das Stir-Fry auch mit anderem Fleisch zubereiten, etwa mit Rindfleisch. Dazu passt dann eine etwas feurigere Note – würzen Sie z. B. mit 3 TL roter Currypaste.

Schweinefilet
mit Limettenmarinade

Für besondere Gelegenheiten: Das zarte Filet gelangt in der fruchtig-würzigen Marinade zu höchster geschmacklicher Vollendung

Zutaten

1 rote Paprikaschote
4 Knoblauchzehen
6 EL Sojasauce
4 TL Limettensaft
8 EL Fischsauce
1 TL gemahlener weißer Pfeffer
150 ml Fleischbrühe
1 TL Speisestärke
500 g Schweinefilet · 2 EL Öl
200 g Udon-Nudeln · Salz
1/2 Bund Frühlingszwiebeln

Zubereitung

FÜR 4 PERSONEN

1 Die Paprikaschote putzen, waschen und in kleine Würfel schneiden. Den Knoblauch schälen und fein hacken. Beides mit Sojasauce, Limettensaft, Fischsauce, Pfeffer, Brühe und Speisestärke verrühren. Das Fleisch in der Marinade 30 Minuten ziehen lassen.

2 Den Backofen auf 180 °C vorheizen. Das Fleisch aus der Marinade nehmen und abtropfen lassen. Den Wok erhitzen, das Öl hineingeben und das Fleisch darin anbraten. Im Backofen in etwa 15 Minuten fertig garen, in den letzten 5 Minuten die Limettenmarinade dazugießen.

3 Die Udon-Nudeln nach Packungsanweisung in reichlich kochendem Salzwasser bissfest garen. In ein Sieb abgießen und abtropfen lassen. Die Frühlingszwiebeln putzen, waschen und das Grün in schräge Ringe schneiden.

4 Zum Servieren die Nudeln mit der Sauce mischen und das Fleisch in Scheiben schneiden. In Schälchen anrichten und mit dem Frühlingszwiebelgrün garnieren.

Tipp

Udon-Nudeln sind aus Weizenmehl hergestellte Nudeln und eine beliebte Zutat der japanischen Küche. Ersatzweise können Sie auch chinesische Eiernudeln verwenden.

Schweinefilet
mit Wirsing und Pilzen

Zutaten

500 g Wirsing

200 g Shiitake-Pilze

1 kleine Zwiebel

2 Knoblauchzehen

500 g Schweinefilet

Salz · Pfeffer aus der Mühle

3 EL Öl

1 TL frisch geriebener Ingwer

1 EL Currypulver

100 ml Fleischbrühe

3 EL Sojasauce

1 EL gehackte Petersilienblätter

Zubereitung

FÜR 4 PERSONEN

1 Den Wirsing halbieren, äußere Blätter und den Strunk entfernen. Die Hälften in feine Streifen schneiden, waschen und abtropfen lassen. Die Shiitake-Pilze putzen, trocken abreiben und in Scheiben schneiden. Die Zwiebel und den Knoblauch schälen, beides fein hacken.

2 Das Fleisch mit einem scharfen Küchenmesser quer zur Faser zuerst in Scheiben und dann in Streifen schneiden. Salzen und pfeffern.

3 Den Wok erhitzen und das Öl hineingeben. Das Fleisch darin bei starker Hitze anbraten. Herausnehmen und warm halten.

4 Die Hitze reduzieren und Wirsing, Zwiebel, Knoblauch und Pilze nach und nach unter Rühren anbraten. Mit Ingwer, Currypulver und Pfeffer würzen und mit Brühe und Sojasauce aufgießen. Kurz aufkochen lassen. Zum Schluss das Fleisch und die Petersilie untermischen.

Rinderpfanne
mit Sherrygemüse

Zutaten

400 g Möhren
200 g Lauch
100 g Staudensellerie
1 rote Paprikaschote
200 g Rinderlende
3 EL Öl
8 EL Sherry (trocken)
100 g Erbsen (tiefgekühlt)
2 EL Sojasauce
Salz · Pfeffer aus der Mühle
1 EL Currypulver
1 TL Hoisinsauce
2 EL Petersilienblätter

Zubereitung

FÜR 4 PERSONEN

1 Das Gemüse schälen bzw. putzen und waschen. Möhren, Lauch und Selleriestangen in feine Scheiben, Paprika in feine Streifen schneiden.

2 Die Rinderlende mit einem scharfen Küchenmesser quer zur Faser in etwa 1 cm breite Streifen schneiden.

3 Den Wok erhitzen und das Öl hineingeben. Die Fleischstreifen darin bei starker Hitze etwa 5 Minuten anbraten. Das Fleisch herausnehmen und warm stellen.

4 Die Hitze reduzieren, nach und nach das vorbereitete Gemüse unter Rühren im Wok anbraten. Den Sherry dazugeben, die Erbsen darunter mischen und alles mit Sojasauce, Salz, Pfeffer, Currypulver und Hoisinsauce würzen.

5 Das Gemüse noch etwa 2 Minuten garen, dann mit Salz und Pfeffer kräftig abschmecken. Zum Schluss die Rindfleischstreifen und die Petersilie untermischen. Die Rinderpfanne nach Belieben mit Basmatireis servieren.

Rindfleisch
mit Orangenfilets

Hier gibt süß den Ton an: Honig und Orange bringen bei diesem Fleischgericht eine neue Geschmacksvariante ins Spiel

Zutaten

100 g Basmatireis · Salz
1 unbehandelte Orange
2 Frühlingszwiebeln
300 g Rindfleisch (zum Kurzbraten)
Pfeffer aus der Mühle
2 EL Sesamöl
150 ml Orangensaft
1 EL helle Sojasauce
1 EL flüssiger Honig

Zubereitung

FÜR 4 PERSONEN

1 Den Reis gründlich waschen, mit der doppelten Menge Wasser in einem Topf aufkochen, salzen und zugedeckt bei schwacher Hitze etwa 20 Minuten quellen lassen.

2 Orange abwaschen und trockenreiben. Von der Schale feine Zesten abziehen, die Frucht filetieren und den dabei austretenden Saft auffangen. Frühlingszwiebeln putzen, waschen und in Ringe schneiden. Das Rindfleisch quer zur Faser in Streifen schneiden, salzen und pfeffern. Den Wok erhitzen und das Öl hineingeben. Das Fleisch darin 3 Minuten anbraten, herausnehmen und warm halten.

3 Das Weiße der Frühlingszwiebeln ins Bratfett geben und anbraten. Orangensaft, Sojasauce und Honig dazugeben und sirupartig einkochen lassen. Salzen und pfeffern. Die Orangenfilets und das Fleisch dazugeben, erwärmen und das Frühlingszwiebelgrün unterrühren. Das Rindfleisch auf dem Reis anrichten, mit Orangenzesten bestreuen.

Tipp

Wenn Sie keinen Zestenreißer besitzen, können Sie für die Orangenzesten auch mit einem spitzen Messer ein Stück Orangenschale abschneiden und in feine Streifen schneiden.

Thai-Salat
mit Roastbeef

Jetzt wird's richtig exotisch: Asiatische Gewürze und Saucen geben diesem raffinierten Salat mit Roastbeef den nötigen Pfiff

Zutaten

700 g Roastbeef
1 EL Butterschmalz
ca. 300 g gemischter Salat (z. B. Spinat, Sprossen, Paprikaschoten, Thai-Basilikum)
2 rote Chilischoten
1 Knoblauchzehe
6 EL Zitronensaft
6 EL Olivenöl · 1 TL Sesamöl
1 TL Sojasauce
1 TL Fischsauce
1 TL Zucker
1 TL frisch geriebener Ingwer
Salz · Pfeffer aus der Mühle
100 g Cashewkerne

Zubereitung

FÜR 4 PERSONEN

1 Das Roastbeef – falls nötig – von Sehnen und Haut befreien. Den Wok erhitzen, das Butterschmalz hineingeben und das Roastbeef darin etwa 20 Minuten anbraten, dabei häufiger wenden. Das Fleisch anschließend in Alufolie gewickelt etwa 5 Minuten ruhen lassen.

2 Die Zutaten für den Salat putzen, waschen, abtropfen lassen und in mundgerechte Stücke zerteilen oder klein schneiden.

3 Für das Dressing die Chilischoten längs halbieren, entkernen und waschen. Den Knoblauch schälen und beides fein hacken. Chilischoten und Knoblauch mit Zitronensaft, Olivenöl, Sesamöl, Sojasauce, Fischsauce, Zucker und Ingwer verrühren. Das Dressing mit Salz und Pfeffer abschmecken. Die Hälfte des Dressings mit den Salatzutaten gründlich vermischen.

4 Das Roastbeef quer zur Faser dünn aufschneiden. Den Salat auf einer großen Platte anrichten, das Roastbeef dazugeben. Mit dem restlichen Dressing beträufeln.

5 Die Cashewkerne in einer Pfanne ohne Fett goldgelb rösten, grob hacken und über den Salat streuen.

Tipp

Da die Chilischoten sehr scharf sind, die Hände nach dem Schneiden gründlich waschen. Das Dressing kann auch mit Cayennepfeffer scharf gewürzt werden.

Rindfleisch
mit Frühlingszwiebeln

Da kommt jeder auf den Geschmack: Marinierte Rindfleischscheiben werden mit Frühlingszwiebeln auf feinen Nudeln serviert

Zutaten

500 g Rinderfilet
4 EL Öl · 2 EL Sojasauce
1/2 TL gemahlener Pfeffer
1/2 Bund Frühlingszwiebeln
1 Knoblauchzehe
200 g dünne Reisnudeln
Salz
1 TL frisch geriebener Ingwer
4 EL Austernsauce
4 EL Reiswein
2 EL gehackte, ungesalzene Erdnüsse

Zubereitung

FÜR 4 PERSONEN

1 Das Fleisch quer zur Faser in mundgerechte Scheiben schneiden. Für die Marinade 2 EL Öl, Sojasauce und Pfeffer verrühren und die Fleischscheiben darin etwa 30 Minuten zugedeckt ziehen lassen.

2 Die Frühlingszwiebeln putzen und waschen, das Weiße der Länge nach vierteln und alles in etwa 4 cm lange Stücke schneiden. Den Knoblauch schälen und fein hacken. Den Backofengrill einschalten.

3 Das Fleisch aus der Marinade nehmen, abtropfen lassen und auf den eingeölten Rost legen. Unter den heißen Grill schieben und auf jeder Seite grillen.

4 Die Reisnudeln nach Packungsanweisung in kochendem Salzwasser garen, in ein Sieb abgießen und gut abtropfen lassen.

5 Den Wok erhitzen und das restliche Öl hineingeben. Die Frühlingszwiebeln mit Ingwer und Knoblauch darin kurz anbraten. Austernsauce und Reiswein hinzufügen und etwa 2 Minuten bei mittlerer Hitze garen.

6 Die Nudeln auf Schälchen verteilen, das Fleisch mit den Frühlingszwiebeln darüber geben und mit den Erdnüssen bestreuen. Nach Belieben mit Korianderblättern garnieren.

Tipp

Wenn es einmal nicht ganz so schnell gehen soll, lassen Sie das Fleisch ein wenig länger in der Marinade ziehen. Es nimmt dadurch noch mehr Aroma auf und wird gleichzeitig zarter.

Rezeptregister

Impressum

1. Auflage 2005
ISBN 3-89883-121-3

Grafische Gestaltung: Georg Feigl
Rezepte: ZS-Team
Redaktion: Kathrin Ullerich, Edelgard Prinz-Korte
Herstellung: Karin Mayer, Peter Karg-Cordes
Lithografie: Christine Rühmer
Druck & Bindung: L.E.G.O., Vicenza

Bildnachweis

Umschlagfotos: Susie Eising (Vorderseite); Walter Cimbal (Rückseite Mitte und unten); Jo Kirchherr (Rückseite oben)
Walter Cimbal: 2–3, 9 Mitte und unten, 25, 29, 61, 67, 70–71, 87, 98–99, 115; Jo Kirchherr: 8, 9 oben, 10–11, 13, 15, 16, 19, 20, 23, 31, 32, 33, 35, 37, 38. 39, 41, 45, 47, 49, 53, 59, 62, 63, 69; StockFood/Chris Alack: 79, 90; StockFood/Klaus Arras: 21; StockFood/Bayside: 108, 117; StockFood/Uwe Bender: 81, 109; StockFood/Harry Bischof: 95; StockFood/Michael Boyny: 85; StockFood/Michael Brauner: 7 (2. von links oben); StockFood/Jean Cazals: 91, 113, 125; StockFood/James Duncan: 73, 111; StockFood/S. & P. Eising: 6 links, 42–43, 56, 57, 68, 75, 76, 83, 89, 93, 96, 97, 101; StockFood/Susie Eising: 1, 4–5, 26, 27, 50, 51, 65, 77, 104, 105, 112, 120, 121; StockFood/Luzia Ellert: 7 links unten; StockFood/Gabula Art-Foto: 7 Mitte; StockFood/Ulrike Köb: 17; StockFood/David Loftus: 127; StockFood/Joris Luyten: 123; StockFood/Kai Mewes: 103; StockFood/Minh & Wass: 7 (2. von links unten); StockFood/Snowflake Studios Inc. 55; StockFood/Maximilian Stock LTD: 6 rechts, 7 links oben, 7 rechts; StockFood/Jan-Peter Westermann: 84, 107; StockFood/Frank Wieder: 119